えひめブックス30

愛媛の民俗

― 冠婚葬祭編 ―

大　本　敬　久

公益財団法人　愛媛県文化振興財団

目次

第一章

子ども ——誕生と成長——

はじめに ―「生きる力」としての民俗―

二〇〇〇年代に入って、学校教育の中では「総合的な学習の時間」が導入されるなど、子どもにとって自らが暮らす地域の姿、そこで育まれた文化を学習する機会が増えているが、明治時代以来の日本の学校は、「国」の中の一人前、いわば均質な「国民」を育成することが主な努めであり、地域性を持った文化は排除される傾向にあったことは否めない。地域の中で伝承されてきた知恵・知識を獲得することで「村」（地域）の中の一人前となるような前代的教育とは違った目的であったと言える。「村」（地域）で生活することで獲得できた知恵・知識は、高度経済成長期以降の地域の変容・崩壊により、伝承の機会が希薄となり、現在では、自分が暮らす場の姿さえも学校教育で学ばなければいけない状況なのである。

私は、人間が生まれて成長するまでに獲得する知恵・知識を、大まかに「文字知」と「伝承知」に区分して考えている。文字知とは、教科書などの書籍やメディアなどから学ぶ知恵・知識であり、学校教育などで得られるもの。伝承知とは自分が生まれた家、地域を伝承母体として、そこで暮らすうちに自然と身につく知恵・知識である。伝承知は、世代を超えて過去から現在に受け継がれたものであり、具体的には生業、年中行事、祭りや芸能、冠婚葬祭（通過儀礼）、昔話・伝説などの口頭伝承、自然観など、学校教育とは別に、かつて人間が地域の一人前として生きていくために必要とされたものである。「総合的な学習の時間」では「生きる力の育成」が目的とされるが、まさに伝承知は地域における「生きる力」なのである。

私は「民俗」の基本がこの伝承知であるというスタンスのもと、愛媛県内各地の民俗を見て歩いてまわっている。民俗は先人が生きていく方策として獲得してきた文化であり、今後の子どもたちにとっても「生きる力」を育む基礎となりうるものである。

本書では「生きる力」「生と死」「人生」「人間存在」をキーワードとし、人間が生まれてから死ぬまでの諸段階について、愛媛県の冠婚葬祭（通過儀礼）などを題材にしながら紹介することとしたい。

お産とケガレ

「ケガレ（穢れ）」は『日本国語大辞典』（小学館）では「人の死や出産などの不浄。服喪中であること。また月経中であること。これらの間には神仏に参ることや人と会うことなど避ける習慣があった」と説明される。M・ダグラス『汚穢《けがれ》と禁忌』（筑摩書房、二〇〇九年）に「汚穢は秩序を侵すものである。したがって、汚穢の排除は消極的行動ではなく、環境を組織しようとする積極的努力である」と述べられているように、死や出産はそれまでの家や地域といった共同体秩序を変容させる要素であり、それをケガレと見做《みな》すことで排除して、秩序の維持・変革を図ろうとするというのである。

現在、病院での出産や、出産に立ち会うことをケガレと考えて忌避する人はまずいないだろう。新しい生命の誕生を祝い、母子の無事を祈るのが第一の感情である。ところが、かつてはお産による忌み籠りは愛媛県内の民俗にも一般的なもので、出産によるケガレを赤火、ハナビといって、産婦は一定期間、家族とは違った場所で、別の食事をとる生活をしたという話をよく聞くことができた。例えば西条市山間部では納屋（ヒマヤと呼ばれる）で一週間寝泊まりし、その間、姑《しゅうとめ》が膳を運んできたとあるように、家族と離れて別火の生活をしたというのである。

しかし、こういった事例をケガレとして排除する行為と見ることに私は疑問を持っている。別火というのは、産婦の立場に立ってみると、その期間は食事を作らなくてもよいし、日常作業から離れてゆっくりと休む生活ができる。ケガレとして排除しているのではなく、産後の体力の回復を期待する行為ともいえる。また、産の忌みの期間（三三日間が多い）には産婦は宮参りができないという話もよく聞くが、これも産後一か月は無理な外出をさせないことが原初的な思考である。日本では祭祀《さいし》などに清浄性を追及す

ヒマヤ（西条市西之川）

るあまり、血を忌避するようになり、出産も不浄とされ、ケガレだから排除するといった文化的共同幻想へと原初的思考は一転させられた。ケガレは後に持ち出された論理であり、実態的・普遍的ではなく社会によって作られた概念的なものである。その点を注視しなければならない。

お産婆さん ―お金と人間関係―

病院分娩《ぶんべん》が一般化した一九六〇年代より以前のお産は家庭分娩が主であり、そこには通常「お産婆さん」とか「トリアゲバーサン」と呼ばれる介助者がついていた。この出産介助者については吉村典子氏の著作に詳しく（吉村典子『お産と出会う』勁草書房、一九八五年、同『子どもを産む』岩波新書、一九九二年、同「出産習俗にみる『産む人中心』から『助産者中心』へ」〈同編『出産前後の環境―からだ・文化・近代医療―』講座人間と環境五、昭和堂、一九九九年所収〉、同「大藤ゆきさんに伝えたかった出産習俗の視座―子産み、子育て習俗にみる確かな人間観と地域育て―」〈『子産み・子育て・児やらい―大藤ゆき追悼号―』女性民俗研究会、二〇〇三年所収〉）、近代以前における介助者は「トリアゲバーサン」と呼ばれる地縁者で、地域の中で人望がある経験豊富な女性が主であったが、戦後、免状持ちの「産婆」（助産師）へ移行していったことなどが紹介されている。「トリアゲバーサン」は基本的にボランティアで、とりあげた子からは生涯にわたって敬愛を受けた。一方、免状持ちの「産婆」（助産師）は出産時のみの雇用関係で、賃金により雇われている。この双方の大きな違いは、とりあげた子どもとその後人間関係が続くかどうかという点にある。地縁者から職業者へと移行することにより、介助者の地域の中での人間関係は希薄となったことは否めない。

さらに、八幡浜市在住の「産婆」（助産師）経験者から聞いた話であるが、一九五〇年代までは産婆の報酬は、介助した家から思い思いにもらっていたという。産婆から具体的な金額を提示することはなかったのである。しかし、それでは採算がとれず生計が成り立たない。八幡浜・西宇和地域の助産婦会があり四〇人程が登録されていたが、一九五五年頃にその会で報酬の基準をつくった。金額にして三〇〇円だったという。しかし具体的な金額を提示するようになると、お金を惜しんで自分だけで産むことにした人が、いざ出産する際になって子どもは無事だったが、後産《あとざん》がなかなか出ないので来てくれと言われ、行ったことがある。金額の基準をつくるとそういうこともあったというのである。

そもそも中元・歳暮や結婚式のご祝儀、葬儀の香典なども相場はあっても定価はない。定価がないからこそ、贈与を受けた側はその後に相当のお返しをするなどして人間関係は継続していくが、社会的行為のすべてに価格を定めてしまうと、様々な人間関係が清算されてしまう可能性がある。極端に言えばまさに「手切れ金」である。この視点は、現代の高度消費社会を眺める際にも有用ではないだろうか。

後産（胞衣）の処理

西予市宇和町下川の保安寺の裏にある墓地の一画に「此處《このところ》、後産墓地にはゴミを捨てないで下さい。下川社寺部」と書かれた木札が立てられている。「後産墓地」とあるので、お産の際の後産・胞衣（エナ）を埋める場所なのだろうということはすぐに理解できたが、現在、この後産墓地を使用しているとは到底考えられなかったので、地元の人に事情を聞いてみた。一九七〇年代までは使用していて、後産を埋めてもらった子どもが成長している段階でこれを除いてしまうと、その子の健康が心配になるからそのままにしている。ただ、ここを墓参りに来た人が後産墓地と気づかずに、不要になったハナシバを捨てる人がいるので、立て札を立てている、とのことであった。

八幡浜市でも日土《ひづち》町の場合、後産の処理は、かつてはお墓の近くの山に行って埋めていたといい、また、双岩でも墓地の空き地に壷に入れて埋めていたらしい。

私が生まれた際、後産はどのように処理したか父親に聞くと、寺の裏山の墓地近くに埋めたということであった。これは一九七一年の八幡浜市五反田《ごたんだ》での話である。私は病院出産で生まれたので、後産は病院が処理したのだと思っていたら、そうではなかった。病院出産であっても後産処理を、家の者が行っていた時期が一九七〇年代まであったのである。病院出産の開始と同時に、即、後産処理の習俗は廃れたのかと思ったら、過渡期があったようである。

なお、一九九九年に私の娘が生まれた時、後産は病院側が何も言わずに処理してしまった。後産処理は、伊方町河内では埋め方が悪いと子どもが夜泣きするといい、また病弱になるといわれる地域もあり、その扱いには多大な注意が払われていたはずであるが、そんなことを気にすることなく、子育てをすることになった。現在は後産処理の習俗が完全に廃れてしまっている、このように考えていたが、下川の後産墓地の存在を確認すると、かつて後産処理に注意を払った思いは、今現在も継続していることを認識したのであった。

なお、墓地近くに後産を埋めることは、実は近代に入って普及したことと言われている。それ以前には、人に踏まれない場所に埋めるのがよいとされ、例えば八幡浜市保内町喜木津や伊方町大江では、家の産場の床の下に埋める家もあったという。また、伊方町名取では、産婦の母親が海に流すこともあった。ただし、南予南部（南宇和郡や北宇和郡）のように、逆に人に踏まれる場所に埋めるのが良いという地域もある。家の玄関先に埋めて、そこを最初に通るものを子どもは恐れるようになるので、父親が通ることになっていたというのである。

時代とともに後産の処理方法は簡略化されてきたが、それは医療の発達で安心して子どもの成長が期待できるようになったことを示すともいえる。

「おんぶ」と「だっこ」

正面からすれ違う人との挨拶は、誰が来ているかを認識できるので用意周到にできるが、背後から声を掛けられると、声の主が誰なのかを確認するため振り向かざるをえない。人間にとって「認識」「確認」できないことは精神的に不安につながるが、「背後」「背中」は心理的にも身体的にも弱点といえる。

その弱点を逆手に利用したものに、伝承遊びの中の背中遊びがある。不安と隣り合わせの背後の気配を楽しむものである。例えば「カゴメカゴメ」では、中央に座って目隠しした鬼が「後ろの正面だーれ」と手をつないだ周囲の中で背後に位置する者を当てようとする。決して前に位置する者を当てはしない。「ダルマさんが転んだ」もしかりで、壁や木に寄りかかって目隠しした鬼が、背後から近づいてくる者を素早く察知し、振り向いて動いている者を当てるのである。

身体における正面は、他者と向かい合っているので安全、安心であるが、他者が心理的境界（自分が安心できる身体周囲の空間との境）を越えて近づいてくると緊張してしまうスペースといえる。背後の空間は、認識できない不安に満ちており、正面と比べると他者と自分の身体の境界がはっきりしない。それを上手く使えば、背中遊びのように非日常的で一種聖なる空間にもなりうるのである。

さて、子育てにおける「おんぶ」は親が背中に子を背負うが、背中は身体境界がはっきりしないため、逆に子どもにとって親の身体領域に入り込みやすいといえる。しかし「だっこ」の場合、親子が正面を向き合って抱き合い、互いの正面の身体境界が邪魔となる可能性がある。「だっこ」よりも「おんぶ」の方が子どもを寝付けやすいというのは私の単なる経験から主張していることである。ただ、かつての母親はおんぶ紐《ひも》で子どもを背負って生活をしていた光景が多かったが、今ではなかなか見られない。「おんぶ」の方が心理的密着性は高く、子は親との一体性を感じやすいので、より子どもは安心できるのではないか。「だっこ」では、身体正面の心理的壁が確実に存在し、その壁を乗り越える作業が親子ともに必要となる。その作業は苦労かもしれない。ただし愛情にもつながるものではある。

「こやらい」の意味

育児のことを愛媛では「こやらい」というが、これは標準語ではなく中国・四国地方に残る方言である。大藤ゆき『児やらい』（岩崎美術社、一九六七年）によると「愛媛県宇和地方でもコワライ、コアライなどといい（中略）山口県大島では子どもの世話になやむことがコヤラエであった。追いまわすだけでなく、大きく成長をしてゆく子を母の手から放すことを意味している」と紹介されている。もともとこの言葉は、子を「やらう」ことから来たもので、「やらう」とは、「やる（遣）」、つまり追い出す、追い払うといった意味がある。子どもを育てることを「やらう」・追い払うと表現するのは奇妙な感じもするが、親が前に立ち、子どもを引っ張って社会に導こうとする立場ではなく、幼年期に家の中で育ててきた子どもを、親が家社会から地域社会へと追い出させて一人前にしようと、後ろから支える立場にあったことを示している。子どもを「世間」に巣立たせる意味での「やらう」・追い出すという言葉の使い方なのである。

先人から受け継がれてきた「民俗」を考える視点として、私は、人間は誕生してから、いかに知恵・知識を獲得しながら成長するかを考えることが重要と思っているが、「こやらい」という言葉は、子どもは母から生まれて、幼年期に「家」の中の存在として養育され、やがて「地域」の中の存在へと成長させる流れが明確にあったことを示唆させてくれる。「母体との共生」（家）から「社会の一員」（地域そして世間）へ送り出すプロセスである。

「育児」や「子育て」という言葉は主語が親であることにかわりはないが、「こやらい」から連想できるような社会秩序は見られない。親と子の関係が連想できるのみである。近年の「家」「地域」の変容、崩壊とともに徐々に「こやらい」も廃れ、子どもの成長を意味する言葉は単に「子どもを育てる」の略語になってしまった。

言葉の深意が社会構造の変化によって忘れられ、もしくは消滅しようとしている端的な事例である。明確なプロセスを失った現代社会においては、親が子育てに苦悩してしまうのももっともかもしれない。「こやらい」の精神に見習うべきところは多い。

子宝 ―子どもは宝物―

「宝」といえば人々にとって貴重な品物のことであるが、丁寧に「お」を付けて「お宝」と言ってしまえば、品物を金銭に換算してしまう印象を抱く。「お」を付けると、逆に「宝」の持つ高貴さのイメージが損なわれるような感じがするのは私だけだろうか。テレビ番組の「なんでも鑑定団」でも、歴史的資料の価値を金銭で換算して、一喜一憂しているが、「家宝」だと思って代々大事にしていた品物が、低価格で判断されて出品者が落胆するシーンは、視聴する分には面白い。しかし「宝」は金銭的価値だけで判断されるものではない。

「タカラ」の語源を考えてみると、『大言海』(冨山房)という辞書によれば、タカは高貴の意味で、ラは接尾語という説を紹介し、また、江戸時代の辞書である『和訓栞《わくんのしおり》』では、田力(タチカラ)つまり米の生産の意であることが説明されている。また、高崎正秀『古典と民俗』(講談社、一九七八年)によると、手に取り持った神がかりの依代の意で、タクラ(手座)の意味という説もある。これらは、「宝」が「高貴」「田(米)」「神」というキーワードで説明されている。必ずしも「お金」や「貨幣」には直接結びつくことはない。

「宝」に関する有名な万葉集の和歌がある。山上憶良が詠んだものであるが、「銀《しろがね》も金《くがね》も玉も何せむに勝れる宝子に及《し》かめやも」、つまり、金銀も玉も、どうして子どもというすぐれた宝に及ぼうかという意味である。「子宝」という言葉もあるが、この「子宝」を金銭的価値で判断されてはたまったものではない。子どもは「宝」ではあっても、決して金銭的価値で判断される「お宝」ではないはずである。金銭では測ることのできない「宝」の価値を考えることは、子どものみならず人間の尊厳をも顧みるヒントになるのではないだろうか。

さて、年中行事で宝といえば正月の「宝船」を思い起こす。「宝船」は、宝物や米俵、七福神を船に乗せた一枚絵で、正月にこれを枕の下に敷いて寝ると吉夢を見ることができるという。この慣習は中世には既にあったとされ、江戸時代には、年末にこの宝船売りが町を売り歩いて、一般化したものである。様々な宝船の図像を見ても大判・小判（お金）がザックザック乗っているものは少なく、圧倒的に米俵が描かれている事例が多い。

そもそも、大判・小判も米俵を模した形をしているように、日本では、お金は米をシンボル化したものであり、しかも、その米は、一年の稲作労働から生まれてきた生産物であり、言ってみれば「生産力の象徴」であった。

これが、いつの頃からだろうか。お金のイメージから「生産力」の意味合いが薄れ、お金が「消費」を第一義としたものになってきている。これは高度経済成長期の出来事であろうか。いや、あえて時代を設定するならば、一九八〇年代からではないだろうか。高度経済成長期を生きてきた世代は、それ以前の自給自足とはいかないまでも、「生産」を基調とした日常生活（第一次産業中心の社会）を経験している。しかし高度経済成長期以降に生まれた世代は、日常生活の基調が「生産」ではなく「消費」へと変化した社会を生まれながらに過ごしてきた。この経験の有無による転換期こそが一九八〇年代であり、現在の高度消費社会、つまり日常生活では「生産」の感覚が薄れ、お金があれば何でもできると考えてしまうような「消費」第一の社会につながっているといえるのではないか。

　最後に、とても「宝」とは思えない「お金」「貨幣」についての思考を述べておきたい。お金は触ると汚いもの、触ると後で手を洗いたくなるという感覚は多くの人が持っている。この点は『お金の不思議――貨幣の歴史学――』（山川出版社、一九九八年）によると、貨幣にはケガレが宿るといい、神社でお賽銭《さいせん》を投げる行為も、よくよく考えるとお金を投げつける行為は神様に失礼にあたるのかもしれないが、なぜかそれが許されてしまう。これは、実はお金・貨幣に自分の災禍・罪穢を移し託して、お賽銭として神社に投げ入れることで祈願行為となるというのである。江戸時代の国学者・本居宣長も『古事記伝』の中で「お金を払う」の「払う」と神社での「御祓《はら》い」の「祓う」は同じ意味だとし、「今俗に、物を買たる直《あたひ》を出すを、払ふとも払をするとも云は、祓除《ふつじょ》の意にあたれり、又これを済《すま》すと云も、令清《すます》の意にて、祓の義に通へり」と述べ、「決済」の「済」と「清」も、ハラった後に、スム（清らかな）状態を指すという。お金のない状態が清らかとは、おかしな気もするが、貨幣を手放すことで、災禍・罪穢が清まるのであれば、それにも一理ありそうだ。

人、物、そして心も含めて、世の中のすべてのものを金銭的価値のみで判断していくことは、実は我々、自らが「宝」の持つ価値を放棄することにつながり、結局のところ、お金という単純な価値基準（拠り所）しか持てない脆《もろ》い構造の社会になってしまうのではないかと要らない心配をしている。

エンコ祭り —子どもを水難から守る—

八幡浜市穴井では毎年旧暦四月五日に「エンコ祭り」が行われる。エンコとは海にすんでいる架空の動物で、海に入る者の足を引っ張ると地元ではいわれ、中国、四国地方では河童のことをエンコと呼ぶ事例が多く、この祭りは河童祭りの一種とでも言うべきものである。地元では「水天宮祭り」とも呼んでいるが、海岸に出ることが多くなる夏の始めに、その年に水難事故が起こらないよう祈願する行事である。

昔ながらの言い伝えでは、旧暦四月五日に、穴井に住む母親と子どもが弁当を持って「灘の浜」に出かけていき、初めに、にぎ

海岸でのエンコ祭り（八幡浜市穴井）

り飯三個を波打ち際の石の上に供え、「エンコ様、おにぎりをお供えしますけん、どうか水難をのがれさせてください」と拝んでから弁当を開く。中には、お供え物を紙に包んで海中に投げ入れる者もいたり、近くの竜王様の祠《ほこら》に供える者もいる。また、このような伝承もある。河童（カッパ）が陸に上がってきて、子どもを海に連れ去ろうとするのを、住吉神社の神様と思われる白髪で長いひげの白装束を着たおじいさんが、引き戻して、子どもを救ったという。

夕方近くになると、磯辺に酒肴《しゅこう》持参で地区の人々が集まり、飲んだり食べたり唄ったりするが、一九七〇年代以降に地元の男性も加わるようになった。かつては三味線に合わせて、飲む程、酔う程に歌や踊りが出ていたともいう。

エンコ祭りのお供えのおにぎり

柳田国男「山島民譚集」（『定本柳田国男集』二七巻所収、筑摩書房）によると、高知県長岡郡下田では、河童が馬を川に引き込もうとしたので、毎年六月一五日には家々の馬を川端に連れていき河童祭りを行うという。八幡浜地方では、エンコが馬ではなく人間を海に引き込もうとする話を各地で聞くことができるが、穴井のエンコ祭りは、もともとは母子が祭りの主体であったことから、子どもが水難に遭遇しないことを第一義に祈願して行われるものといえる。

盆飯と子どもの成長

南予地方では一九六〇年代までは各所で盆飯の行事が行われていた。盆飯はオボンメシとかボンマンマ、オナツメシなどと呼ばれ、お盆に地元の子どもたちが川原や浜辺に即席の竈《かまど》を築き、そこで煮炊きをして共同飲食したり、仮小屋を作って寝泊まりするという行事である。八幡浜市五反田の湯島の場合、月遅れの七夕が終わると、小学六年生の子どもたちがリーダーとなって竈や仮小屋などオボンメシの準備をした。仮小屋は橋の下に蚊帳をつって草を葺《ふ》いたもので、八月一三日の晩にそこに子どもだけで泊まった。一四日の早朝に川原につくった竈でニシメ・赤飯を炊くが、すべて子ども主体でつくった。そしてカジの葉に一口サイズの赤飯を乗せて、精霊棚《しょうりょうだな》を設えている家に配った。お盆に帰っている先祖霊への供物とするためである。

盆飯は子どもたちが仕切る行事であり、これを通して異年齢の友人ができるなど地域の中の教育の場でもあった。また、実際に寝泊まりを体験することは子どもにとって大きな楽しみでもあり、同時に地域の子ども仲間に加入することでもあった。家の中の存在から地域の中の存在へという流れである。そして年長のリーダーともなれば運営の責任を持ち、それを遂行することで地域の中の規範を身につけ、一人前へ育っていく第一歩となっていた。

実はこの行事が成立するには、子どもに運営を任せつつ、地域の大人はこれを「見守る眼」を持っていることが前提となっていた。高度経済成長期以降の地域共同体の変容とともにその眼差しが崩れてしまい、盆飯で子どもたちだけで煮炊きをしたり、寝泊まりしたりすることは危険と判断され、この行事も次第に衰退していったといえる。

伊方町出身の俳人坪内稔典氏「新季語拾遺」（毎日新聞一九九四年八月一五日付）によると、盆飯について「ご飯の出来具合をのぞきに来る母などの顔が普段と違って見えたのは、こちら側の気分がいつもと違っていたせいか」と紹介しているが、「母などの顔が普段と違って見える」のは、家の子どもから見た母の顔ではなく、地域の子どもとして見た母の顔であり、子どもが家の外の世界へ羽ばたいたことを示している。子どもが親から少しずつ独立していく場として盆飯行事は機能していたのである。

愛媛は「亥《い》の子」王国

秋から冬に季節が変わる頃、愛媛県内各地の夜空に子どもたちの歌声が響きわたる。「亥の子」である。小学生、中学生が石や藁《わら》をつきながら家々をまわって地面の中の悪い物を追い払い、ご祝儀をもらう。暗く、寒い中でも張り切る子どもたち。それを見守る大人たち。亥の子という年中行事によって地域が一体化する瞬間を見ることができる。

亥の子とは、旧暦一〇月の亥の日、亥の刻に餅を食べて息災を願う中国の俗信に基づくもので、日本では平安時代以降に宮中や武士の間で行われた行事とされる。それが民間でも祝うようになり、稲作の収穫祝いとして、現在では多くの地区で一一月に行われている。

全国的に見ると亥の子は東日本には少なく、西日本、特に中国地方、四国地方、九州北部で盛んである。四国でも香川県では亥の子行事は希薄なのに対し、愛媛県内では亥の子を伝承する地区が他県に比べて圧倒的に多く、概算では現在約五百地区で行われている。その中でも松山市内の旧北条市と南予地方が盛んな地域として知られ、特に旧北条市、旧吉田町（宇和島市）は全国的にみても「亥の子王国」と言っても過言ではない。

松山市（旧北条市内の亥の子）

子どもたちが歌う亥の子唄は「祝いましょう祝いましょう、お亥の子さまをいわいましょう、一に俵を踏んまえて、二でにっこり笑うて、三で酒を造って、四つ世の中よいように、五ついつものごとくに、六つ無病息災に、七つ何事ないように、八つ屋敷をひろめたて、九つ小倉を建てならべ、十でとっておさめた」が広く知られているが、旧北条市内では「祝いましょ祝いましょ、いのこの神様祝うには、一には一さいいのべのべと、二には日本の玉手箱、三にはさらしのつるし柿、四には神仏ふるてがい、五にはごんがかふわふわし、六には六畳の青畳、七には七条の袈裟衣《けさごろも》、八には八町開いて、エンヤラエイトエイトヤ」とか、「一本目には池の松、二本目には二葉の松、三本目には下《さが》り松、四本目には繁り松、五本目には五葉の松、六つ昔は尾上松、七《ひち》本目には姫小松、八本目には浜の松、九つ小松を植えならべ、十で豊国《とよくに》の伊勢の松」などがあり、歌詞の種類も多く、他地域には見られないものもある。

さて、亥の子では子どもたちが亥の子石もしくは藁で作った棒をついてまわる。石のことを「ゴーリンサン」と呼ぶ地域もあるが、これは亥の子で祝う作神（農業神）が「降臨」することから付けられた名前とされる。亥の子でまわる家々も、地区内のすべてをまわる所と、その年に新生児が生まれた家を宿として、決まった家、場所をまわる所がある。新生児

宇和島市三間町の亥の子

の場合、その子どもの名前、生年月日を記した幟《のぼり》を作って、それを飾る。特に旧北条市にはその事例が多く、子どもが生まれたことを地域に認知してもらい、また地域で祝うという役割が「亥の子」に込められている。

亥の子行事の運営は主に子どもたちが取り仕切ることが多い。ほとんどの地区では小学一年（七歳）になると子ども連中に入って亥の子に参加する。年長者は小学六年もしくは中学二年、三年で、その内の一人が「亥の子大将」という責任者となって子ども連中をまとめる。地区では道具（石、幟など）を保管する「亥の子宿」が毎年定められ、亥の子の実施日を通知するのも子どもの役目である。幼児から少年への変わり目である七歳から、少年から若者への変わり目である一四、五歳までの集団が一つとなって、大将のもと運営されるのであり、年長者は年下の者の面倒を見て、ご祝儀の配分についても責務を持つ。子どもたちはこれらの経験を通して地域の中で一人前の若者へと成長していく。家庭内でのしつけや、学年ごとに区切られた学校とは異なり、亥の子には地域による教育システムがあるとみることもできる。愛媛県内の多くの地区で行われる亥の子。大規模な祭りだけではなく、このような小さな年中行事に注目してはいかがだろうか。

亥の子の現代的変容

亥の子の行事は地域の子ども組の行事である。大人は基本的には関与しない。子ども組主体で行われてきた。家々をまわってもらったご祝儀は子どもたちで分配する。そこに大人は介入できない。これが昔からのやり方である。しかし、近年、亥の子はいろんな変容を遂げている。愛媛県内で筆者が見聞きした変容の諸相を簡単に紹介してみたい。

亥の子は地区内の長男だけが参加することになっていたが、長男だけでは足りないので次男以下も参加できようになった。それでも男の子が少ないので、女の子も亥の子に参加するようになった。

亥の子は、子ども組（小学一～六年で六年生が亥の子大将、もしくは中学二年まで参加できる地区もある。また、小学三年～中学三年までという地区もある）で行われているが、その参加年齢幅を広げる地区もでてきている。地区の子どもがほとんどいないので、自治会の役員である大人が亥の子をついてまわる。これは一九七〇年代にできた団地で、子どもが一斉に成人して団地内に子どもがいなくなったという地区の事例である。亥の子をつく子どもがいないので、大人がつく。子どもが少なくなって亥の子は中断していたが、元気な大人（年配の方）が昔を懐かしみ、地域を活性化させるために復活させたという事例もある。

亥の子が中断していた地区で、愛護班で復活させた。子どもと親（参加するのは母親が多い）が亥の子で家々をまわる。その際に、子どもは亥の子唄を充分に歌うことができない（恥ずかしい、声が小さい）ので、唄は親（母親たち）が歌う。しかも母親も亥の子復活で慣れていないので、歌詞カードを手に持って歌うという光景に出会ったこともある。

　男の子が少なくなって女の子も参加するようになった地区で、その後、新興住宅が増えて子どもの数も増えてきた。すると男の子だけで充分に亥の子ができる人数になった。そこで地区内で話しあって、女の子を除いて再び男の子だけで行うことにした。しかし、その年の亥の子大将になるのは小学高学年の女の子の予定だった。その女の子は参加できないことにもどかしさ、悔しさを覚えたが、亥の子当日には石はつけないものの一緒に男の子たちについてまわった。男の子は亥の子唄の声が小さいので、亥の子大将になるはずだったその女の子が終始、男の子たちに喝を入れてい

亥の子大会（宇和島市吉田町吉田地区）

るのを目の当たりにしたこともある。

亥の子には、石亥の子、藁亥の子がある。これは愛媛でも東、中、南予いずれにも石でつく地区も藁でつく地区もある。南予のある地区では、かつては石亥の子だったが、道路がアスファルトになり、土の地面が少なくなったので、石が割れてはいけないということで、藁亥の子に変更した。

アスファルト、コンクリートの地面が増えて、土の地面が少なくなったので、ついた石が割れないように、畳もしくは筵《むしろ》を敷いて、その上でつくようになった。土の地面が少なくなって、石を上下しながらつくのではなく、子どもたちが亥の子石につけた紐を引っ張り合いながら、地面の上でぐるぐる円を描くようにまわすようになった。土の地面が少なくなって、石を上下につくと割れるので、石ではなく、車のゴムタイヤで代用し、タイヤに紐をつけて子どもたちがつくようになった。

亥の子の日程だが、一一月（旧暦一〇月）に亥の日が三回あるときには三回ともやっていたが、二回（一番亥の子、二番亥の子）だけ行うようになった。さらに亥の日は三回あっても二回しかやっていなかったが、子どもの負担も大きいので、地区内を二分割して、一番亥の子に半分、二番亥の子に残り半分の家々をまわるようになった。

亥の子は当然亥の日に行うものだったのだが、平日に亥の子をやると学校が終わってから夕方から夜にかけてになってしまう。これでは子どもたちが危険だということで、亥の日に近い土・日曜日、もしくは祝日の昼間に行うようになった。

亥の子は地区の子ども組主体の行事だったが、それをさらに活性化させたいという思いから、地区の公民館主導の行事として、広場で各組の亥の子の競演を行うなどして、保護者や地元の高齢者など多くの人に見てもらうようにした。そのことによって亥の子が盛んになったなど様々な変容の事例が見られる。

「笑い」の民俗

西条市丹原町鞍瀬《くらせ》では正月元日の事始め行事として「初笑い」が地元磐根《いわね》神社で行われる。拝殿内に氏子が集まって皆で腹底から「ワッハッハ」と笑う。「笑う門には福来たる」というが、この「初笑い」はまさに招福を願ったものである。

ただ、「笑い」は招福だけでなく、破邪の場面でも見られる。例えば、出産の際の後産《あとざん》・胞衣《えな》と呼ばれる胎児を包む胎盤について、かつては産後をどのように処理するか、多大な注意が払われた。後産の始末の仕方が悪いと夜泣きをするなど、子どもの成長に関わるといった俗信があったからである。屋敷の敷居や床下、墓地に埋めるという処理事例が多い。実は県内で確認したことはないが、この後産を埋めた後に「笑う」という行為が沖縄や中世・近世の記録類に見られる。室町時代末期の武家故実書『産所之記』に、胞衣を埋めた後「帰りざまに、どつとわらひて帰る」とある。このような

「儀礼的笑い」は災厄や魔を祓って新しい時間・生命をもたらす意味もある。普段、抑制していた感情を放出するカタルシスでもあり、精神的浄化の一手段なのである。

さて、日常の社会生活の中での「笑い」となると、他者に「笑われる」のは恥ずかしいことである。各地域の口頭伝承の中で「笑い話」が多く語られてきたのも、人に笑われない振舞いができるよう、集団規範を身につけるための教訓であった。この点については「笑いがヒトを人間にする」という興味深い論を正高信夫氏が主張している〈正高信夫「笑いと人間」〈『岩波講座文化人類学』第一巻、岩波書店、一九九七年所収〉〉。つまり、ヒトはほめられるとそれを続け、しかられるとそれをやめるという社会的刺激によって文化の規範を身につけるが、それは言葉や身ぶりの解釈といった文化を習得していないと不可能という矛盾がある。この矛盾解決の突破口が「笑い」である。幼少期には親に笑われる、笑ってもらうことの快さを感じさせ、家の中で大人の好ましい行動基準を習得させる。しかし家を越えて、集団規範を習得させようとする成長段階になると、笑われることの不快を自覚させる。「笑う」「笑われる」ことによって、ヒトは社会の中に存在する「人間」として成長していくのである。

「いじめ」の主体

私の手元にある『広辞苑』(第三版、一九八三年)には、「いじめ」の項目が載っていない。昔から「いじめる」行為はあったが、「いじめ」という名詞は一般的ではなかったのである。『広辞苑』に採用されたのは、一九九一年の第四版からだという。

「いじめ」が世間的な注目を集めるようになったのは一九八〇年代からで、生徒間のからかい、無視、暴力などが「いじめ」と見なされるようになり、事態をその言葉で扱うようになった。ただし「いじめる」行為が「いじめ」という名詞化してしまうと、その定義は逆にあいまいになる。考えてみると、種々のパターンがある社会問題を一つの名詞で括ろうとするのは困難なことではある。

「いじめ」は人間が集団に帰属することによる社会性病理と定義づけられる。個人が個人として行う行為ではなく、集団の成員が集団の名の下に行う行為である。つまりは学校でいうならば学級である。この学級秩序を子どもたちが構築する上で「いじめ」を創出しないと秩序維持ができないという病理こそが、八〇年代からのいじめの社会問題化の要因である。

実は「いじめ」が名詞化されることによって、その主語(いじめる主体)が見えにくくなり、いじめる主体が個人なのか集団なのか表面に出てこなくなる。「私はいじめを受けた」と言っても、それが個人間の問題なのか、集団の問題なのか判断が難しくなる。社会的行為の名詞化にともなう概念化には、主体の喪失・忘却という側面があることを注視すべきである。

実は、平安時代にもこれと類似するような現象があった。「けがれ」についてである。奈良時代には「けがれ」という名詞はなかった。「けがす」という動詞はあったが、名詞化されるのは九世紀のことである。貴族を中心とする宮廷政治が定着し、清浄性を追及する神社祭祀と政治が結びつき、「けがれ」という共有概念を生み出した。それは宮廷という存在が主体となっての成立であった（大本敬久『触穢の成立』創風社出版、二〇一三年）。「いじめ」も学級などの集団が前提にあって成り立つもので、集団形成のプロセスと、常に何が主体かを考えることが大事だと思う。

命札《いのちふだ》―かまぼこ板で子どもの命を守る―

愛媛では夏休みに小学校のプールを利用する際に、子どもたちが自分の名前、学年、連絡先、血液型をマジックで記入したかまぼこ板を持参することが多い。筆者も一九七〇年代に八幡浜市内でこれを経験しており、名前を記入したかまぼこ板のことを「命札」と呼んでいる。まずプールに来ると所定の場所に命札を置いて並べる。プールで泳ぎ終わって帰る際には、自分の命札を必ず持って帰る。プール監視をする保護者が、子どもたちが無事にプールから帰宅したことを安全確認するための道具なのである。

ところが愛媛県外出身者と話をすると「命札」のことを知らないという方が多い。愛媛だけなのか、その分布や由来を知りたいと思い、この一〇年ほど、命札について情報を集めていたところ、二〇二一年八月にＮＨＫ松山放送局の勅使河原佳野記者がこのテーマを取材し、私も協力して、全国放送のニュース番組で紹介されることにもなった。

命札は愛媛県内では一九五〇年代後半以降に使ったことがあるという経験談を聞くことが多く、戦前から使用していたという情報は確認できない。戦後に生まれた慣習のようである。そして愛媛県のほか、徳島県、香川県、兵庫県、岡山県、広島県、山口県で「命札」が使われており、「命札」という呼び方ではないが、大分県、福岡県、佐賀県でもかまぼこ板を「名札」としてプールに持って行くという。

それでは、なぜ命札が普及したのだろうか。一つには使用されているかまぼこ板、かまぼこの生産が関係していると考えられる。かまぼこが全国的に普及したのは「冷凍すり身」が発明された後の一九六〇年代半ば以降である。冷凍技術がなかった頃は、原料となる魚の長期保存ができなかったため、かまぼこは愛媛県南予地方を中心に限られた地域で生産され、消費地も限られていた。全国的にかまぼこ

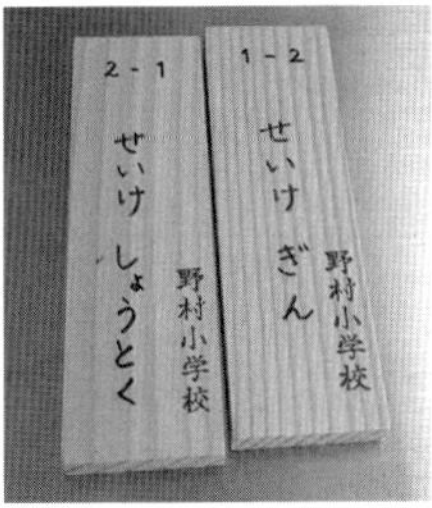

かまぼこ板の命札
（西予市、2016年）

プール受付の命札の張り紙
（西予市）

消費量が増大する前の時代に、かまぼこ板が身近にあった地域で命札が始まったようである。

そして、「命札」の呼称が非常に重要である。子どもの水難と「命」については一九六五年に大きな転機となる事故があった。それが瀬戸内海の高松市沖で発生した「紫雲丸」の事故である。旧国鉄の連絡船「紫雲丸」が別の船と衝突して沈没し、修学旅行中の小中学生を含む一六八人が犠牲となり、中には愛媛県内の子どもたちも多く含まれていた。この事故をきっかけとして全国の学校でプールが整備され、水泳の授業が定着したとされている。紫雲丸の事故は中国・四国地方の人たちにとって身近なものだったため、「子どもの命を守る」という多くの人の切実なる願いが「命札」という名前になって、命札の文化が定着した可能性があるのではないだろうか。

愛媛県独自の少年式

愛媛県独自の人生儀礼に「少年の日」「少年式」がある。毎年二月四日に一四歳になる中学二年生を学校ごとに祝う行事である。筆者も八幡浜市の八代中学校二年生の時に経験し、成人式のように全国のどこでも行われている行事だと思い込んでいたが、大学で上京して友人と話しているうちに、周囲の誰も「少年式」を知らない、経験がないことに驚き、そこで初めて愛媛独特の儀礼であることに気づかされたのであった。

　しかし、「少年の日」は戦前から行われてきた伝統行事というわけではない。戦後に創出されたもので、一九六四（昭和三九）年に当時の愛媛県社会福祉協議会会長の戒田敬之の提唱により、県民運動の一環として愛媛県社会福祉協議会が主唱し、愛媛県、愛媛県教育委員会、愛媛県警察本部が後援して「少年の日」の実施要綱が作成され、第一二回愛媛県社会福祉大会にて「少年の日」の実践が決議された。一九六四年に「少年式」を実施したのは松山市立御幸中学校、拓南中学校の二校だけであったが、一九六五年には愛媛県内の中学校全二五一校に普及し、愛媛で「少年の日」「少年式」が一般化していった。戒田敬之は一九〇一（明治三四）年に伊予郡岡田村（現松前町）生まれで、一九五五年には副知事を務めた人物であった。

　「少年式」の趣旨は「自覚」「立志」「健康」であった。「少年式」では、一四歳は昔の「元服」の年齢とされ、

少年式（松山市、1967年）（『愛媛県史現代編』より転載）

子どもから大人へ成長する人生の階段を登っていく重要な時期で、法律上でも一四歳は刑事上の責任がある年齢でもあると説明される。その年の春を迎える「立春」の日にこの「少年式」が行われ、少年は祝福を受ける。

「少年式」の基とされる「元服」は男子の成人儀礼であり、特に貴族や武家の間で行われた。「元」とは首や頭、「服」とは冠の意味であり、それまで童と呼ばれていた男児が成年としての象徴でもある冠を被ることにより、社会的に一人前として扱いを受けるようになる。ただし、時代的にも地域的にも年齢はまちまちで一四歳とは限らず、二〇歳ぐらいまで幅があり、皇族の例では一一から一七歳が通例で、正月一日から五日の吉日を選んで行われ、貴族、武家でも正月に行うことが多かった。そして村落社会の庶民の間では「元服」儀礼は一般的ではなかったが、男子一五歳、女子一三歳前後で、社会生活上、一人前としての能力を認められ、若者組とか青年団あるいは消防組に加入し、この若者組、青年団への加入式が村落社会の中での成年式の意味合いがあった。このように「少年式」が一四歳での「元服」に基づくとは説明されるものの、愛媛の農山漁村では年齢幅も広く、地域により様々な儀礼が見られた。この点は後掲の若者組の民俗の項目をご参照いただきたい。

第二章

若者・青年・大人 ―一人前になる―

若者組の近代

かつての地域社会の中では、男子は子どもとしての成長段階を終えると若者組という青年で構成される年齢集団に加入していた。愛媛県内では若者組と呼ばれることは稀《まれ》で、若衆組、若連中などと称されることが多く、若者のことを「ワカイシ（若衆）」と呼んでいた。若者組の役割は多方面にわたるが、大まかに区分すると、①ムラの中での一人前になるために必要な技能や規範、判断力を身につけるといった教育的機能、②祭礼や盆踊りなどのムラの行事を執行する機能、③消防や夜警、海難救助などの治安的機能、④他村との通婚を妨害したり、婚姻相手を探すなどの結婚統制機能、⑤芝居の上演などの娯楽的機能などが挙げられる。

愛媛における若者組の歴史を見てみると、江戸時代後期にはその活動に関する資料が散見できる。明治時代になり消防などの治安的機能が行政機関に移行し、ムラの中での役割が変化するとともに、婚礼の統制や妨害、酒食、賭博が悪い習慣として問題視されるようになり、その改良が求められるようになった。例えば一九一一（明治四四）年の「愛媛県悪弊事項」によると、「自村の婦女は自村の男子の占有すべきものなりとの弊風よりして他村の男子と情を通ずる女子あるときは青年男子多数にて該女子に暴行を加へ若しくは他の一般婦女をして絶交せしめ其《そ》の解除を乞はんとせば青年に酒食の饗応《きょうおう》をなさざるべからざること」とか「男女共十四才に至る中、泊屋《とまりや》なるものありて同所に同衾《どうきん》し父兄は之を放任してあやしまざること」とあり、各地の若者の「悪い風習」が県から指摘されている（愛媛県史編さん委員会編『愛媛県史』民俗編上に掲載）。

このような中、明治時代の若者組は、青年会という学習や風俗改善を主たる目的とした青年組織に改変されていった。例えば西宇和郡のある地区では、一八九五（明治二八）年に氏神祭に際して地元の若衆が他家の里芋を大量に盗んだことが発覚し、風俗改善のため村長の斡旋により青年会を設立したという。各地の青年会設立は、明治時代後期である場合が多く、そのほとんどが大正時代になって青年団組織へ再編成されていった。ただし、それまでの若者組の習俗は消滅したわけではなく、青年団という名称のもと、戦後まで引き継がれるわけである。

「青年」と「若者」

若者はかつて「ワカイシ（若衆）」などと呼ばれ、一八九七（明治三〇）年以降に各地の若衆組が青年会へと再編されていったことを前項で紹介したが、若者のことを「青年」と呼ぶのは明治時代中期以前には一般的ではなかった。現在では乳児・幼児・児童・青年・成人・老人といったライフサイクルを表す言葉として定着しているが、「青年」は新しい言葉なのである。

「青年」は江戸時代の文献にも散見できるし、一八八〇（明治一三）年設立のＹＭＣＡ（キリスト教青年会）などで使用例があるが、一般化するのは一八九〇年代以降である。木村直恵氏によると、明治二〇年代初頭に「青年」という言葉が新しい世代を指すものとして定着したという。この時期は江戸時代生まれの者が年配者となり、明治生まれの若者世代が社会を担うようになるが、それにともなって、新時代が到来するという言説が増えてくる。この新世代の若者を称する言葉として「青年」が出てきたのである（木村直恵『〈青年〉の誕生―明治日本における政治的実践の転換―』新曜社、一九九八年）。

そして「青年」が定着した背景としては近代国家の存在が見逃せない。「若者」は村社会の中の一人前を目指す若年齢者であるが、「青年」は国家の中の一人前を目指す若年齢者を指したのである。「若者」の場合、一人前の規準は、米俵を一俵かつぐとか、一日にどれだけ田を耕すかなど、村の中で慣習として規準が決まっており、それは労働力・生産力を目安としていた。しかし、明治時代以降の近代国家においては、一人前の規準は労働力・生産力に加えて、兵力・教育力が重要視されるようになる。村の中でも一人前の条件に、徴兵検査を済ませることが加わり、一八九〇年以降の青年会・青年団では新時代の学習・教育を重視したのである。労働力についても近代産業に対応できる技術が要求され、国家と社会状況が新たな時代の青年像を求めた。

このように「若者」は、もともと村社会を意識した呼称であり、「青年」は村を越えて国家・社会を意識した上で成立した。戦前の若年齢者が大人になるためには、「村（地域）」と「国」という異なる場で双方の規準を達成する必要があったのである。

青少年教育における「民俗」の活用法

愛媛県大洲市にある国立大洲青少年交流の家では二〇〇四年度より久万高原町大川《おおがわ》地区（旧美川《みかわ》村）において青年（大学生〜概ね三〇歳）を対象とした企画事業「江戸時代生活体験」を実施した。この企画には私の勤務先である愛媛県歴史文化博物館も協力機関として参加し、事業の立ち上げ・運営・講師として私も関わってきた。ここではその企画事業の実施意図、内容について簡単ではあるが紹介しておきたい。

「江戸時代生活体験」は、社会の中で子どもから青年・大人へと成長していく諸段階で行われる通過儀礼（人生儀礼）が薄れつつある現代で、「大人とは何か」という問いを中心に、青年が大人になることの社会的意味合いを参加者自身に考えてもらうための自立支援プログラムとして出発した。この事業の立ち上げには、愛媛県内の大学研究者、社会教育関係者、新聞社、民間企業教育担当者など一〇人で構成された「大人を考えるシリーズ実行委員会」が組織され、その会議の中で、現代の青年についての課題を以下の四点に集約した。①現代の若者のコンサマトリー（今さえ良ければいいという考え方）化への対応、②若者がライフビジョン・ライフスキルを持つ必要性、③若者が人と関わりながら生きていく力の必要性、④若者が自分の自己存在を確認できる場の必要性。その結果をふまえて企画事業の一つとして、過去に戻り現代、そして自分自身について考える「時と文化を探るプロジェクト『江戸時代生活体験』」を実施することとなった。

実行委員会で提示された課題をもとに、一八四一（天保一二）年建築の久万高原町（旧美川村）大川地区旧大庄屋「土居家」の土居一成氏ご夫妻並びに丹波松清氏をはじめ大川地区の方々とご相談した結果、江戸時代からの建築・史料が残っており、衣・食・住に関する民俗（伝承文化）を再現するために多くの方々に協力していただくことが可能だったため、会場を土居家および大川地区とし、以下の四点の特色を盛り込む事業にすることとした。①江戸時代から昭和までの生活を民俗学から探る内容（大本による昔のくらしの生活案内を行う。体験プログラムごとに愛媛並びに大川地区の伝承文化・民俗に関する解説を入れる）、②大川地区で行われた旧正月を再現（旧正月に近い時期に事業を実施したため、大川地区で行われていた餅つき・おせち料理を再現し、旧暦時代の季節感を体感する）、③夜警、獅子《しし》舞など、江戸時代から高度経済成長期まで若者組（青年団）などで若者・青年が担っていた役割を体験する。（大川地区で行われていた夜警コースを当時と同じ箇所を同じ方法で巡る内容。獅子舞は大川地区八柱《やつはしら》神社奉納獅子として二百年前から始まったと言われる大川獅子舞を体験する）、④現代社会について考えるふりかえり（プログラムの最後に、伝承文化体験と現代社会を比較する形で行い、主に「環境（自然に負荷をかけない生活スタイル）」「文化の伝承」「社会での若者の役割」「町づくり・地域づくり」の四つのテーマとして、講師の大本が総括し、参加者とともに考える)、そして参加定員は二〇人とし、実際に参加したのは愛媛県内外の大学生、高校生、二〇～三〇代で、久万高原町内の参加者は少なく、都市部の若者が中心だった。

このように、名称自体は「江戸時代生活体験」であるが、久万高原町の江戸時代当時そのものの生活を再現するよりは、江戸時代から明治・大正・昭和（高度経済成長期）まで継続して地元で伝承されてきた生活文化を再現・体験するという内容として実施した。事業実施中は、現代の便利な生活をふりかえってもらうため、携帯電話は使用を禁止し、また冬の寒い時期ではあったが現代の電気・ガスの機器を使わず、火起こしは火打石を用いて参加者自らで行い、燃料となる薪も自分たちで割るという生活を基本とした。

参加者の感想として代表的な意見をまとめると、以下のとおりであった。

自分の周りの環境がすごく恵まれていると感じた。また、残飯を肥料にしたり、藁で縄を作ったりするのを見て、物を大切にすることが大切だと感じた。何でもゴミを出してはいけないと思う。現代、外国の文化を受け入れる傾向があるが、今回体験した藁細工、餅つき、獅子舞もとても素敵な文化だと思う。こういった日本の文化を大切にしていきたい。社会での若者の役割は重要だと思う。自分の存在価値を感じられるからだ。こういう役割が減ったから若者の心にひずみが生まれたのではないかと思う。町という単位は、教育的な面からも、社会的・経済的・精神的にもとても大切だと思う。その町を人々の役割などをしっかり決めて、祭などによって盛り上げ、つくっていくということは、人を育てるという意味でも大切である。（以上、参加者の感想）

このような意見から見て、自分と自分の取り巻く社会を相対化し、社会の構成員としての自分の役割や自分の存在、現在の社会状況を理解する一端をこの事業が担ったことがわかる。「江戸時代生活体験」は、その後も年一回実施し、大川地区、土居家を会場とした類似事業として、二〇〇八年度には対象を小学生として「食文化をテーマにした異年齢相互体験学習・免許皆伝！もったいない名人〜江戸の村人の巻〜」を実施している。また、久万高原町教育委員会主催で高校生・大学生を対象とした「ＥＤＯＪＩＤＡＩ生活体験」（二〇一〇年一二月一八〜一九日）も開催した。

普段は何気ない衣食住の民俗など、地元久万高原町をはじめ愛媛県内において過去から世代を越えて伝承されてきた生活習慣が、単に地元の過去をふりかえる手段としてだけではなく、現代の若者・青年にとっても大人に成長するために自らをふりかえるための素材として活用できることが、この「江戸時代生活体験」は示している。これは現在の久万高原町、そして愛媛県山間部の持つ地域遺産・地域資源ともいうべきもので、今後、都市化、消費社会化、無縁化がますます進む現代において、地元の民俗（伝承文化）に注目する必要性が高まってくるのは間違いない。

恋愛と祭り・盆踊り

八幡浜市五反田に伝わる機織り唄の中に「わたし口説くなら柱祭の晩よ、胸の火の矢の届くまで」という歌詞がある（『八幡浜市誌』）。柱祭りの晩に娘は自分が口説かれることを期待していた心情が垣間見えるが、戦前においては、男女が恋仲になるきっかけが祭りや盆踊りであった、というのは各地でよく聞くことのできた話である。

西予市宇和地方の事例であるが、宇都宮功『結婚の習俗』（宇和郷土文化保存会、一九七六年）によると、盆踊りが近づくと若衆組の幹部が毎日のように役員会を開いて、目指す娘を誘拐する計画を立て、盆踊りの日に、役員は誘拐する娘の名前を示して青年たちが待ち伏せし、美しく着飾った娘を暗闇に連れ去っていく。これは一見野蛮に思える出来事だが、娘にとっては驚くべきことではなく、むしろひそかに期待していた程で、一種の村の習慣であったという。親や娘は、青年たちが機嫌をそこね、相手にしてもらえなくなると、酒を贈り「まともな女にしてやってください」と頭を下げていた。誘拐された娘の親は、その機会が与えられたことにほっと胸をなで下ろしていたという。ただし、この習慣に警察が目を光らせるようになり、次第に廃れていった。

似たような事例が西予市明浜町高山にもあり、秋祭りの際に青年が猿の面を被り、祭りを見学に来ている若い娘に手当たり次第、抱きついたりするが、かつては、一〇人近くの青年が猿に扮《ふん》して目当ての女性に近づこうとしていた。また、親としても猿に相手にされないのも困るといって、猿に扮する青年に事前に酒を贈っていたという。

このような習慣に対して、一八七三（明治六）年八月二九日「愛媛県布達々書」第六五号によると、「従来盆会中手踊り、にわかの類興行致来候趣之処、右ハ男女混雑尤鄙猥を極め一般風儀ニ関係致候ニ付、自今一切不相成候事」とあり、盆踊りの際に男女の風紀が乱れているということで県は盆踊りを禁止している。また、一八七七（明治一〇）年八月七日にも「盆踊リハ大概夜中ノ嬉戯ニシテ男女混合頗ル猥褻ニ渉リ」、妙齢の者を惑わし、学業の妨害になるということで、盆踊りの規制をしている（『愛媛県史』資料編近代一、一九八四年）。

県や警察などの公権力の立場からすると、盆踊りや祭りの場において男女の風紀の乱れは由々しき問題と認識され、規制の対象となっていたが、当の村の若者にとってはそれが一種の楽しみであり、果ては結婚相手を探し、そして結ばれるための機会であった。娯楽の少ない時代においては、そういった機会は少なかったわけで、祭りにおいても青年はその担い手として神輿《みこし》、だんじり、牛鬼や太鼓台（四ツ太鼓）などを勇ましくかつぎ、自らの「カッコ良さ」を好きな女性にアピールするチャンスでもあった。県からの布達や警察の監視にも関わらず、戦後まもなくまでは、盆踊りや祭りの夜は、村の若い男女の交流の場であったのである。

青年団と若者組

現在では任意となっているが、かつては村の中のほとんどの若者が、一定の年齢に達すると青年団に入っていた。そもそも青年団は、全国的に見ると、日露戦争後に町村を単位として結成された団体で、学習活動や夜警、衛生、軍人支援などを主な活動としていた。戦前は、青年団が国民統合の一組織として、また公民教育の機関として、いわば国から強要されて組織されたという側面があった。

しかし、青年団が組織されるにあたっては、多くの場合、それまで地元に存在した若者組（若衆組）の活動機構、つまり祭礼の執行や村人足などの労働、そして結婚相手を見つける婚姻媒体としての役割を引き継いでいたため、地域によってその組織形態や活動内容は異なっていた。

八幡浜地方の場合、大島地区では、青年会といい、男子は満一五歳で加入し、二〇歳で脱退していた。祭り・盆踊り・奉仕作業が主な活動で、若者宿があり、会員はその宿に毎夜泊まっていた。また、女子は、処女会を組織し、青年会と協力していた。処女会の会員が泊まる宿も存在し、ムスメヤドと呼ばれていた。これらは戦後に廃止されたが、当時は、網子やイリコの加工手として働くのに都合が良かったといい、この活動を通して男女が恋仲になることも多かったという。

穴井《あない》地区の場合は、愛郷会といい、男子は満一五歳で加入し、二五歳もしくは妻帯すれば脱退していた。この愛郷会の歴史は、一八九三（明治二六）年に穴井夜学校として、青年に読み書き算盤を教えるために創設されたことに始まり、一八九九（明治三二）年に穴井愛郷会となった。一九一三（大正二）年には真穴《まあな》村青年会となり、その会則によると、一、勤倹努力の良風美俗を涵養《かんよう》すること。二、時間の励行、その他、地方の陋習悪弊《ろうしゅうあくへい》を矯正すること。三、夜学会を開設し、補習教育、壮丁教育、実業教育を行うことなどが列挙されている。この会則を見ると、愛郷会の活動が、教育機関の一種であり、地方の悪い習慣を矯正し、均質な「国民」を創出しようとする戦前の「近代国家」の意図が垣間見える。

しかし、このような会則は完全に徹底されていたわけではなく、例えば一九一一（明治四四）年発行の『矢野崎村誌』に「悪習慣」として、若い男女が同じ宿に泊まることが挙げられるように、若者が宿に寝泊まりして、そこで将来の結婚相手を探すという機能がなくなったわけではなかった。国家からの若者の風俗矯正の意図はあったものの、実際にはそれ以前の若者組の習慣は踏襲されていたのである。このような例は、「近代」「国家」の論理と「民俗」「ムラ」の論理の葛藤の場であったと言えるだろう。

新婚者への悪戯

大洲市では、かつては婚礼があると、村から娘が嫁に出る場合、若連中が通り道を丸太や枝木でふさいで、ワヤク（いたずら）をすることがあったという。娘を惜しむための行為なので、そこに通りあわせると、花嫁姿をこの機会に一目見ようと人々は集まり、親族の者が丁寧に見送りの言葉を述べ、それから道を通してもらったというのである。また、婚礼当日には、婚家へ筵でつくった帆け舟をかつぎこんだり、嫁のすわりが良いようにと、大きな川石や石塔を運び入れるなど、若者連中は、ワヤクと同時に祝いの意味も込めて、そういった行為に及んだのである。

八幡浜市の場合、『矢野崎村誌』に、悪習として「青年新婚者ノ庭前ニ玄猪石（亥の子石）ヲツキ、又ハ路傍ヲ毀ツ」とあり、若者が新婚の家の庭前で亥の子石をついて、道路を壊していたというのである。また、宇和島市吉田町立間では、婚家の前に若者が墓石をそっと運び込み、これを夫婦が元の位置に戻すというしきたりになっており、これが夫婦の最初の共同作業だとされていた。このような、村の若者が新婚者に対していたずらをするという事例は、各地、特に南予地方で聞くことができる。宇和島市の海岸部では、平成に入ってからも、行われていたと聞いたこともある。

新婚の家に石を運ぶ
（落ち着き石、西予市明浜町）

このワヤクを簡単に分類すると、三種類にわけることができるようだ。一つ目は、婚姻行列の邪魔をする行為、二つ目は、いわゆる「石打ち」と呼ばれる風習、三つ目は嫁に対する行為である。

一つ目は、若者が村の中の娘が嫁いでいくことを惜しみ、それに対して何らかの抵抗・働きかけを行い、その儀礼を経ることによって他家・他村へ嫁がせるという一種ジェラシーから来る行為といえよう。二つ目は、新婚家の前に、墓石や大きな石を運び込むことで、村の中で石のように末永く居座ってほしいと願う心意から来る若者の行為と言える。つまりこの場合の若者は、嫁を受け入れる側の村の立場にいる者の行為である。三つ目は、嫁に対する行為で、例えば『愛媛県史民俗編下』にも紹介されているように、日吉村犬飼（現鬼北町）では、村の若い衆が嫁の顔をめがけてキビや豆を投げつけるというツブシウチなどがあり、これは宇和島市内でも行われていたことである。いつまでもマメに暮らすようにという意味を込めて投げると西予市城川町では言っていたようだが、これは一種のライスシャワーのようなもので、穀類を放り投げ、嫁に託すことで、嫁の生命力を強化させようとする心意が働いたものと言えよう。また、嫁の尻たたきの習俗も西予市宇和町にあったというが、これも小正月の成木責めと類似して、子どもが授かるようにという願いが込められ

成木責めの祝い棒（西予市宇和町）

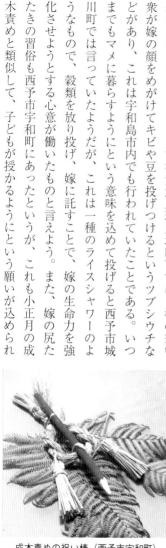

た行為である。

このように、新婚者に対するワヤクを概観してみると、嫁として出ていかれる側の若者が抱く祝福の裏返しの無念さから発する行為と、嫁を受け入れる村の者が末永く居着いて暮らしてほしいと願うことに発する行為の二つに大きく分類できると言えるのではないだろうか。

さて、『宇和島吉田両藩誌』（愛媛県教育協会、一九一七年）に次のような記事が紹介されている。「享保二年十二月十七日、婚礼相整候節、石打の儀不致筈の処、今以間々有之様相聞候、堅無用、並年始水祝の儀猥有之段相聞候、是又此以後急度相慎可申事」、つまり宇和島藩が一七一七（享保二）年の年末もせまった時期に、婚礼時の石打ち、年始の水祝いを禁じたという記事である。

石打ちについては、新婚者に対して、先にも取り上げた村も若者が家の玄関先に大きな石を持ってくるといった一種の悪戯であり、この習俗が一八世紀初頭に既に南予地方に一般に存在していたことがわかる貴重な史料といえる。

水祝いについては、これも婚姻習俗の一つで、婚礼の時、または翌年の正月に、親戚や友人が集まって、新郎に水を浴びせて祝福するものである。これが転じて、新郎・新婦に対して若者が水をかけていたずらをする習俗として全国各地で見られた。大間知篤三『婚姻の民俗学』（岩崎美術社、一九六七年）によると、婚礼の時やその後の機会に祝いの意味を込めて婿をいじめることは古代からあったが、江戸時代に「水あびせ」が各地に流行し、いろいろ弊害が生じたので、幕府や諸藩がしばしば禁止令を出しているという。水祝いは『擁書漫筆』にはその様子が描かれていたり、『滑稽雑談』正月の項に「水祝和俗の云、年新たに娶し男に、歳首若水を祝ふとて、水を浴させる事あり。是を水いはひ、水かけなど云」とあるように、江戸時代には広く知られていたようである。この水祝いの民俗事例については、坂本正夫氏が『土佐の習俗―婚姻と子育て―』(高知市文化振興事業団、一九九八年)にて高知県における事例を多く紹介しているが、私の手元には愛媛県内の具体的な事例を持ち合わせていない。この習俗は石打ちに比べると、早い時期に消滅したのであろう。

いずれにせよ、新婚者に対する悪戯は、地域共同体の中で、特に青年連中が主体となって行っていたものである。新婚者は、地域の中で公的に悪戯をされることによって、婚姻が周知されたことになる。これらの悪戯は祝福の裏返しでもあり、新たな家族の誕生の瞬間を象徴する儀礼とでもいえるのである。

ヨバイの習俗

筆者が民俗調査で南予各地を歩いて、地元のお年寄りに昔の結婚に至るまでの話を聞くと、一九九〇年代まではヨバイの話が頻繁に出てきたものである。ヨバイは「夜這い」と表記され、男が夜間に女のもとに通う好色的な旧習とされるが、柳田国男は、ヨバイは古代における男女が呼び合う歌垣の名残と考えている。唐突な夜の訪問ではなく、実際には村の若者組の承認を得たり、男女同士であらかじめ了承している場合が多かったのである。

ヨバイがそのまま結婚に進むとは限らず、娘がヨバイを許したからとて、そのまま結婚しなくてはならないというわけではなかった。むしろ異性交渉も一種の人生経験と見なされ、村社会を経験した大正以前生まれの人たちの間では、男女とも結婚前には必ずシロモノ（関係を生じること）になることは、一度は通らなくてはならない大人への道と考えられていたらしい。また、結婚前の異性交渉が一つの腐れ縁となって、後日の家庭生活にいざこざをもたらすことも少なかったという（和歌森太郎編『宇和地帯の民俗』吉川弘文館、一九六一年）。ただし、報告書などに紹介されているヨバイの記述は男性側からの視点で記述されることが多く、一方的であることは否めない。この種の習俗は男女双方の視点で記述されるべきである。

ヨバイ習俗の消滅を物語る一文がある。坂本正夫『土佐泉川民俗誌』（土佐民俗学会、一九六五年）の記述であるが、第二次世界大戦以前にはヨバイが盛んで、若い衆たちは公然とヨバイを行い、別に悪い風習という考え方は農民たちにはなかった。しかし一九六〇年代に、都市部から赴任した若い女性教師の部屋にヨバイに入った青年が、女性教師に告訴され、事件化したことでその風習はなくなったという。農村に都市の倫理が入り込んだことによる葛藤の一事例といえる。

もともとヨバイは、一般にいわれているような性的にふしだらに行われていたのではなく、社会的規範の下での若者の娯楽であり、また結婚の相手を見つける恋愛手段だった側面がある。それが伝統的な村の規範が崩れるのに伴い、悪習と見られるようになった。ヨバイの行為そのものはともかく、それを成立させていた村の中の秩序・規範については再考すべき点はあるのかもしれない。

余談であるが、南予地方の宇和海沿岸のある自治体の古い広報誌を眺めていて見つけた記事がある（『広報（某）町』第三五号、一九五九年九月二〇日発行）。若者・婚姻に関する民俗や、世代間の意識の差などが読み取れて興味深いので紹介しておく。

悪い習慣　夜ばいについて　駐在所から　大空に人工衛星が飛んでいる時代に、まだこんな習慣が残つていると驚きます。それは俗に「夜ばい」と呼ばれている悪い習慣です。八月中に、届出のあった夜ばいは、四件ありましたが、未届けのものは、これの何十倍もあるでしょう。夜ばいに入つた青年に、将来を注意したところ「夜ばいは青年に与えられた特権」と思つているようでした。不思議に思つて、だんだん聞いて見ますと、その青年の母親が「私の娘頃も、よく青年が来てくれたものだ」と話していたことがわかりました。その青年は、「娘は、青年の来ることを楽しみにしているもの」と思いこんで、夜ばいの常習者となつたのです。母親の考えのない一言が、青年をあやまらせたのです。心すべきことと思います。夜ばいは、住居侵入と云う犯罪です。笑つてすまないことになりますから、皆の力で、この悪い習慣を改めるようにいたしましょう。

以上が、南予地方のある集落の地元駐在所の巡査が書いた文章である。

結婚改善運動

一九五〇～六〇年代には、各地で新生活運動や保健所活動、公民館活動など、地域住民の生活改善や健康衛生の向上を目的とする諸活動が盛んになった。冠婚葬祭の簡素化や保健衛生、衣食住の改善、貯蓄の奨励などが推進され、それまで地域で伝承されてきた民俗慣行は大きく変容することとなった。ただし、この諸活動がスムーズに実行されたわけではなく、生活改善のうちでも、結婚に関する改善ほど難しいものはなかった。結婚改善が実践されたらあらゆる生活改善は後から続くだろうとまで言われていたのである。

宇和町（現西予市）では、一九五五年に町が主体となって「結婚改善実施要綱」を作成し、結婚改善運動に拍車をかけようとした。その要綱には、結納金は廃して記念品を贈ることや、持参する調度品はタンス一棹《さお》、鏡台、下駄箱、裁縫道具以内に留め、その他は原則持参せず、衣料品は外出着よりも平素の労働着に重点を置き、洋服を主とし、和服は最小限とすることなどが盛り込まれている。

この運動の推進によって一九六〇年頃には結婚式の形態は変化も見え始める。例えば、式当日に婿方が行列を組んで嫁方の家に嫁を迎えに行く慣習は次第に少なくなり、神社で双方が落ち合う「出会い婚」や公民館での結婚式も多くなった。公民館婚は当初、簡素なイメージがあって敬遠されていたそうだが、式場は金屏風、松竹や盛花の飾り、客席のテーブルには純白の布を敷くなど、公民館側も協力して華やかな式を演出した。公民館結婚式に当初難色を示していた親族も喜び、次第に件数も増加していった。

しかし、実際には改善運動の主目的である「経費の節約」「時間の節約」「見栄を張らない」が達成されたわけではなかった。一九五八年に結婚された方から聞いた話だが、「私は簡単にしてほしいと言いましたが、先方では長男だからやはり今までどおりにしてほしいとのことで、仕方ないのよ」この言葉が象徴するように、結婚は人生の一大事であることに加えて、他の冠婚葬祭であれば本人もしくは自分の家で判断できるものの、結婚にあたっては相手の家との調整が必要であり、どうしてもそれまでの慣習を打破することが難しかったのである。

「大人」とは何か

一般に「おとな」とは成長した一人前の者を指すが、古い文献や各地の方言を見ていくと、必ずしも現代と同じ使われ方をしているわけではないことに気づかされる。『日本国語大辞典』に紹介されている方言によると、鹿児島県肝属郡では一門の長、青森県三戸郡では村の有力者、岩手県遠野では長老のことを「おとな」と呼んでいる（『日本国語大辞典』第二巻、小学館、一九七九年）。

古くは、江戸時代初期のポルトガル語辞典である『日葡《にっぽ》辞書』にはVotona（ヲトナ）の説明として町などの頭（かしら）と紹介されているが（土井忠生、森田武他編訳『邦訳日葡辞書』岩波書店、一九八〇年）、これは長崎奉行に属して町内を司る町役人のことを指している。そして、同じ江戸時代の元禄年間に成立した『書言字考節用集』には「長」の訓として「ヲトナ」と記載されている（『古事類苑』人部一、吉川弘文館、一九八五年）。

また、中世後期以降においては、村落の代表者もしくは上級階級者を意味していた。高牧實『宮座と村落の史的研究』（吉川弘文館、一九八六年）によると、近畿地方において、村落の祭祀組織である宮座の中で加入者が若衆から中老、そして「おとな」へと昇格するといった年齢階級があり、それは既に室町時代の近江国における史料に散見できるという。ここでは「おとな」は大人・乙名・長老などの文字があてられているが、彼らが中心となり、宮座の寄合にて村の中の行政が衆議されていたというのである。その慣習は最近まで継続しており、関沢まゆみ氏の著した『隠居と定年』（臨川選書、二〇〇三年）によると、滋賀県竜王町弓削では村落の八人の長老衆のことを「おとな」と呼んでいるという。なお、柳田国男『族制語彙』（国書刊行会、一九七五年）によると、跡取りに家を渡して隠居することを「おとなわたし」といい、ここでの「おとな」とは独立した家の主人を指している。さらに、『大漢和辞典』（大修館書店、一九九四年）を参考に中国の古典を眺めてみると、「大人」という用語は単に成人のことを指すのではなく有徳者、有位者、長老の尊称、家長を示すことが多いことがわかる。

このように、元来「おとな」「大人」とは一種の長であり、村もしくは家で中心となる人物を意味していた。単に二〇歳、いや、現在は一八歳以上の成人であれば「大人」というのではなく、経験豊かで、周囲から尊敬されるべき存在でなければならなかったのである。

第三章

厄年・老い　―歳を重ねる―

厄年の年齢

厄年とは災厄や厄難を受けやすいと信じられている特定の年齢のことである。『広辞苑』では「男は二十五・四十二・六十、女は十九・三十三という。特に四十二・三十三を大厄といい」とある。もともと厄年は大陸からもたらされた外来思想の一種で、平安時代には公家社会で流行し、後に武家社会を経て民間に広まったとされる。

一般には男四二歳、女三三歳が厄年として定着しているが、「死に」「散々」という語呂合わせが定着の主要因と思われる。愛媛県内の市町村誌から厄年の民俗に関する記述を拾ってみると、男性四九歳という事例が川之江、松山周辺、大洲、八幡浜などで稀に確認できる。四九も「始終苦」という語呂合わせから民間へ定着したのだろう。このように、定着している厄年年齢は、ほとんどが語呂合わせからきており、また、年齢に全国的な差異があまり見られないことから、現代の厄年習俗は、出版物の流通などによる全国的な情報の画一化が可能となった近世以降の比較的新しい時期に定着したと考えられる。

さて、六〇歳つまり還暦も厄年とされる地域は県内でも多い。還暦は年祝いであり、めでたいはずの年齢がなぜか厄年とされる。年祝いといえば、老年期の古稀や喜寿、米寿があるが、幼年期の七五三なども年祝いの一種である。

語彙の主語・主体を考えると「年祝い」は周囲の人々が祝うのであり、「厄年」は本人の問題である。この差異を考慮すると、厄を背負う年齢となった者を、周囲の人たちがその厄年の者を「祝う」ことによって、厄を退散させることが原型といえる。厄年と年祝いは本質的に同じと考えれば、還暦が厄年とされることも納得できる。

「年祝い・厄年」とされる幼年期の三、五、七歳、青壮年期の二五、三三、四二、六〇歳はそれぞれ家〈血縁〉、地域〈地縁、会社〈社縁〉〉の中での社会的地位が変化する可能性の高い年齢であり、精神的負担の多い年齢である。この精神的負担を「厄」と見做し、それを祝い、退散させることによって新たな社会的地位へのスタートラインとする。これが「年祝い・厄年」の基本である。

厄落としの呪法

厄年の際の厄落としの方法は、高度経済成長期以前、以後では異なると言ってもよい。近年は今治市菊間町浜の遍照院や徳島県日和佐町〈現美波町〉の薬王寺などの有名寺社に参詣し、厄落としをするのが大衆的になっている。しかし以前は、正月や節分などに地元の氏神への参拝、近所の四辻《よつじ》や橋に豆や金銭、草履などを捨てて、後ろを振り返らずにかえってくる呪法が一般的で、現在でも節分の翌朝には四辻や橋には、捨てられた豆が散乱している光景を見ることができる。

節分に四辻に捨てられた豆
（西予市宇和町）

　また、以前は近親者や近所の者を集めて祝宴を開いたり、神楽や伊勢踊りを奉納するなどの芸能による厄落としをすることもあった。地元の中での厄祓いが主流だったものが、遠くの有名寺社を訪れて厄を落としてもらうことへと変化しつつある。いわばかつては厄を自分たちで主体的に落としていたが、有名寺社等で「落としてもらう」というような変化ともいえる。これも伝統的な地域社会の変容に伴う影響だろう。

　さて厄を落とす呪法の中で、今では見られなくなった方法がある。江戸後期の松山藩士の随筆『古今記聞』（日下部維岳、伊予史談会双書第二一集、一九九一年）の記載によると、節分の夜に体を清めて、新しい褌《ふんどし》を妻の右手から夫の左手に渡して着用し、衣類を着て四辻へ行き縁起の良い方角に向かって合掌し、褌を脱ぎ落とし、後ろを振り返らずに帰ると紹介されている。正岡子規の句にも「四十二の古褌や厄落し」とあり、厄落しに褌が用いられていたことがわかる。民俗事例でも、松山地方では四辻に古褌を落として帰ったり、手拭い・櫛《くし》など身につけていたものを落とすと

節分に豆を紙に包んで捨てる（八幡浜市）

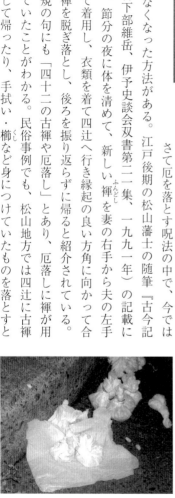

いう厄除けの習俗があったという。

　これら豆、銭、新しい草履、そして新しい褌などは「厄」を託された一種の形代である。これらには誰かの「厄」が付着しており、節分の翌朝の四辻や橋での豆などの散乱の場は、厄の集積場所ともいえる。個人の家の前に捨てると嫌われるので、誰の所有空間でもないと判断される四辻や橋が選ばれて捨てるのだろう。決して自分の家の前には厄を捨てることはない。厄を捨てる行為は一種無責任であり、日本社会での排除意識が垣間見られる行為でもある。

厄の行方

　県内の厄年に関する呪法には、節分に厄の媒体として豆、銭、草履を四辻や橋、神社といった境領域に捨てる事例が多いが、捨てられてしまった厄の処理についてまとめたことがある（大本敬久「厄年の民俗―愛媛県の事例―」『愛媛県歴史文化博物館研究紀要』八号、二〇〇三年）。

　厄を捨てる行為を他人に見られないようにして帰らないと厄落としができないといったり、夜陰に紙に豆を包んで人に見つからないように四辻におくというような、「見られる」ことを禁忌とする事例が各地にある。また、大洲市や小田町（現内子町）では、肩越しに包みを捨て、後ろを向かず無言で家へ帰るが、途中で振り向くと「厄」がついてくるとされる。捨てた「厄」と決別する象徴としてこの行為が出てくるのだろう。このような後ろを振り向くことの禁忌も各地で聞くことができるが、「振り向いて見てはいけない」という行為は、「厄」は見てしまうと再び依りつく恐れのあるものであり、やはり放っておくと身に危険を及ぼすものということができる。

逆に、豆や銭などの捨てた物は誰かに拾ってもらうと良いという事例もある。今治市吉海町では神社で豆、金を捨て、誰かに拾ってもらうとよいという。大分県米水津《よのうづ》村（現佐伯市）では、厄年の者が神社で銭を撒《ま》いて、近所の子どもが率先して拾うが、自ら進んで「厄」を被ろうとする意識はなく、一種の縁起物として拾うのである。誰かに拾ってもらうと良いという事例は、単に厄を他者に分担してもらうのではない。神社や四辻といった日常空間から離れた境界領域に自らの厄を捨てて決別し、日常空間を離れた厄は逆に縁起物へと転換して人々に再分配される。「落とす：祓う」ことと、「拾う：祝う」ことは表裏一体といえるのである。

今治市菊間町の遍照院《へんじょういん》での厄落とし

このように、厄は日常空間から外に捨てられて、その後は放置される場合もあるが、民俗儀礼によって厄をリサイクルして縁起物（福）へと転換させる場合も多い。極めて概念的な「厄」ではあるが、かつての地域社会では、その扱いに細心の注意を払って身の安全を保とうとしていた。実は地域に伝承された年中行事や人生儀礼の発生の根源も、案外これに類するのではないかと私は思っている。

厄払いの時期

厄年の者は一年のうち、いつ厄払いの儀礼を行うのか、愛媛県内全域を眺めてみると地域的な偏りが見られる。県中央部の松山地方などでは、一般的には節分に行うことが多いといわれるが、一律ではないのである。

東予地方の東部や南予地方の西予市以南には節分の厄払いの事例が少ない。旧新宮村（四国中央市）では「草履一足と年齢数ほどの金を、男は四辻に、女は三つ辻に、元日の朝暗いうちに捨ててくる」というように正月に行う事例もあれば、旧伊予三島市（四国中央市）では「年賀も厄除けの行事も二月一日の太郎ついたちに行われてきたものである」というように、必ずしも節分ではなく、正月や二月一日が厄払いの行事日という場合もある。

実は、節分ではなく二月一日を厄払いの日とする地域が愛媛県内ではかなり多い。二月一日に本正月に準じて、一日だけ正月行事に似た祝いを行うのである。この日に厄払いや年賀祝いを行うのは東予地方の道前平野を中心とした一帯である。この地域に節分の日の厄年事例が少ないのはこのためである。

また、南予地方では二月入りと称して、二月一日に伊勢踊りを神社に奉納したり、村の役員の改選を行ったり、かつては奉公人の入れ替わる日とされていた。松野町富岡や吉野ではこの日に厄払いをするが、そもそも伊勢踊り自体、地区の厄払いの性格が強く、節分ではなく二月一日が厄年の者の厄落としをする行事日であった。また旧一本松町（愛南町）中川や広見において「正月早々、または二月入り（ニンガツイリ）の朝、まだ暗いうちに起床して、誰にも見られないように、新しい草履一足と大豆を年の数だけ持って、これを紙に包み道の四つ辻に出て行き、それを置いて帰る」という事例もあり、類似例は南予南部に多い。

このように見ると、大まかにいえば、道前平野より東の東予地方と西予市より南の南予地方では、厄年儀礼の行事日が二月一日であることが多く、それらの地域に囲まれた今治市から中予一帯、南予北部では節分が厄払いの行事日であることがいえる。

空海と厄年① ―「四国霊場開創一二〇〇年」―

二〇一四（平成二六）年は空海が四国霊場を開創して一二〇〇年目になる年とされたが、これは空海が八一五（弘仁六）年、四二歳の厄年のときに四国霊場を開創したという伝承が基となっている。空海が弘仁六年に四二歳であったとすれば誕生年が七七四（宝亀五）年であったことになるが、空

四国遍路ご開創1200年記念
歩いて四国をつくろう
あしあと1200
PROJECT
平成25年1月14日［月祝］
場所／松山市総合コミュニティセンター

四国霊場開創1200年の行事
（2014年、松山市内）

海の誕生年については二つの説がある。いつ生まれたかを明確に示す一次史料は確認できないものの、空海の没年が八三五（承和二）年三月であることが六国史の一つ『続《しょく》日本後紀』同年三月丙寅条、庚午条に詳細な記事が見えるため確実である。そこに記された没年齢により、誕生年を逆算することができる。『続日本後紀』には没年齢は六二歳と記されており、これから計算すると七七三（宝亀四）年の生まれとなる。しかし、空海の弟子真済が著したとされる『空海僧都伝』などには六二歳が没年齢とされており、誕生年が宝亀五年であると計算できる。この宝亀四年説、宝亀五年説の二つの説に関しては、『性霊集《しょうりょうしゅう》』巻三所収の空海自身作の詩（「中寿感興詩并序」）に「嗟余五八歳」（ああ、私は四〇歳になった）とあり、ここに具体的な年、日付は記されていないものの、最澄が八一三（弘仁四）年一一月二五日付で書いた泰範宛書簡（奈良国立博物館蔵）の中に、空海が詩（「五八の詩」）を送ってきたことが記されており、空海が弘仁四年に四〇（数え年）の寿を迎えた可能性が高いとされている。これが宝亀五年誕生説の主な根拠となっており、現在では宝亀五年誕生説が定着している。つまり、一二

○○年前の八一五（弘仁六）年に空海は四二歳であったことを史料上、類推することができる。

ただし、この年の『日本後紀』（六国史、朝廷の正史）の記述には四国霊場や空海に関する記事は見られない。この八一五年の空海の活動、事績として年代が確定できるものは『性霊集』巻一に収められている小野岑守に陸奥守として赴任する餞別歌（一月一〇日）、『高野雑筆集』巻下所収の渤海国大使からの書状の返事を呈したこと（一月一九日）、『性霊集』巻九、『高野雑筆集』巻下所収の弟子康守を東国に派遣し密教経典の流布を依頼したこと（四月上旬）、『性霊集』巻六所収の式部丞仲守のために願文を撰じたこと（一〇月一五日）といった史料などがあるが、空海が四国を巡拝した可能性を見いだせる史料は確認できない。しかし、この年に空海は、『性霊集』巻九「諸の有縁の衆を勧めて秘密蔵の法を写し奉る応き文」にあるように、密教経典の写経を勧め、密教を広く宣布しようとしていたのは事実である。東国で活躍していた僧侶の徳一らにもその協力要請がなされており、『高野雑筆集』に八一五（弘仁六）年四月五日の徳一宛の手紙が収められている。徳一は若い頃は奈良東大寺で学び、会津地方に拠点を移して活躍し、茨城県筑波山の中禅寺、福島県磐梯の恵日寺、会津勝常寺などの東国約七〇ヶ寺の開基とされ、空海はこの年に弟子康守を遣わして徳一に書簡を渡している。徳一はいわゆる三一権実諍論《さんいちごんじつのじょうろん》での最澄との論争で有名であるが、南都仏教、特に法相宗の立場で天台教学を批判したが、空海に対してもその教学への疑問をまとめた『真言宗未決文』を著しているように、この頃は諸宗間の論争（諍論）が高まっていた時期であった。諍論と同時に宣教の動きが盛んになったのであり、四国霊場を開創したとされる弘仁六年の空海は、東国をはじめ密教を広めようと活動していた時期といえる。当時の史料からは四国に渡って寺院や霊場を開創したという記述は確認できず、四国霊場の四二歳厄年開創説を史実として実証することは難しいが、空海が真言宗を全国的に広める活動を本格的に開始しようとした年であったということができる。

なお、若者・青年・厄年などの通過儀礼と四国八十八箇所霊場や四国遍路との関係でいえば、松山地方には二〇歳くらいまでに一度は、四国遍路の体験をしておくという慣習が広く見られ、男性だけではなく、女性も遍路に出る者が多かった。女性の場合は遍路に出たあと結婚する者も多く、社会的に一人前に認定される通過儀礼に位置づけられていた。

空海と厄年②　―四国霊場開創伝承の創出―

一九六四（昭和三九）年に四国八十八箇所霊場の第一番札所霊山寺《りょうぜんじ》（徳島県鳴門市）の本堂が改築されているが、これは四国霊場開創一一五〇年を記念して行われた事業の一つであった。四国八十八箇所の札所寺院を巡ってみると、この一九六四年の開創一一五〇年記念、または一九一四（大正三）年の一一〇〇年記念で建立、寄進された石造物や奉納物が多いことに気づかされる。

出版物にも開創伝承が見られるものがある。一九一三（大正二）年に三好廣太（鉄杖）が著し、大阪の書肆《しょし》北村欽英堂が発行した四国遍路の案内記『四国遍路　同行二人』には、この本で得た利益で翌一九一四年の「四国霊場御開基一一〇〇年」を記念して、遍路道に道標を建立しようとしていたことが記されている。この案内記は版を重ね、一九三五（昭和一〇）年には増補第三一版となっているように広く普及したものとなったが、その中に一九一四年の四国霊場一一〇〇年の記述があったことは八一五（弘仁六）年の開創伝承が既に定着していたことを物語っている。

二〇一四（平成二六）年の開創一二〇〇年記念事業を主体的に実施したり、普及したりしているのは「四国八十八ヶ所霊場会」であるが、「四国八十八ヶ所霊場会」は現在の八十八箇所の札所寺院の連合組織であり、遍路習俗の継承発展を目的とした札所相互の協力組織である。この会の成立時期は「早稲田大学道空間研究会」の調査によると一九五〇年代とされるが、正確な年代は不明とされている。

ただし「四国八十八ヶ所霊場会」の成立以前に、別組織、別名称で「四国霊場会」が一九四〇年代に存在していたことを森正人氏が紹介している（「『空前絶後！』四国八十八ヶ所霊場出開帳―スペクタクルとしての巡礼と巡礼空間の生涯―」『人文論叢（三重大学）』第二二号、二〇〇五年）。この「四国霊場会」が成立したのは一九四二（昭和一七）年であった。これは『香川新報』一九四二年一二月一〇日付の「四国霊場会生る、善通寺本山で結成総会」の記事からわかる。本部は善通寺に設置され、結成式には約四〇人が参加し、八十八箇所すべての寺院が出席していたわけではなかったが、

「四国霊場会」の名称が明確に登場する。ただし森正人氏が紹介しているように、一九二六（大正一五）年発行の富田斅純『四国遍路』（世相軒発行）に「四国霊場会」の語が登場し、五十番札所繁多寺住職の丹生屋東岳（隆道）が幹事とされている。この「四国霊場会」は、一九四二年成立の「四国霊場会」とは異なった組織であったようで、一九三二年発行の小林正盛『四国順禮』（中央佛教社）によると、丹生屋東岳（隆道）らが一九〇七（明治四〇）年に巡拝した際に、その当時には札所寺院すべての連合組織は存在せず、これを結成することが丹生屋たちの願いであり、この一九〇七年の巡拝の際に住職たちと会う中で多くの賛同を得たとされている。

この動きが結実して、連合組織が結成されたようで、一九二〇（大正九）年に出版された四国遍路の案内記『四国八十八ヶ所』は「四国霊場連合会」からの発行となっている。著者がやはり第五十番札所繁多寺住職の丹生屋隆道であり「四国霊場連合会」の代表とされている。つまり一九四二年に結成されたのが「四国霊場会」であり、大正時代に存在したのは「四国霊場連合会」という名称であった。

その「四国霊場連合会」の結成時期であるが、この案内記『四国八十八ヶ所』の中に一九一八（大正七）年に第六回四国霊場連合大会が開催された記述があり、年一回の大会開催とすると一九一三（大正二）年、つまり四国霊場開創一一〇〇年とされる一九一四（大正三）年の前年に第一回大会が開かれていたと推測できる。その会の存続時期であるが、一九三五（昭和一〇）年発行の「六大新報社」一六三号に「四国霊場には霊場会が組織されてゐると云ふから時折会合もなさるであらう」とあり、その頃までは「四国霊場連合会」は存在していたようである。

このように明治時代末期から丹生屋東岳（隆道）らの活動により四国八十八箇所の札所寺院の連合組織が結成され、昭和初期までは継続していた。注目されるのは「四国霊場連合会」の設立と、開創一一〇〇年の伝承が関わっていた可能性が高いことである。一九一四年の開創一一〇〇年が迫っているため、それを機縁に「四国霊場連合会」が結成されたと見ることもできるが、逆に、連合会の結成によって、開創一一〇〇年の伝承を一種の「結集の原点」として広く周知、一般に普及されることになった可能性もあり、あるいはその際に、八一五（弘仁六）年の四二歳厄年開創伝承が創出された可能性もある。

なお、四国霊場開創一一五〇年（一九六四年）と一一〇〇年（一九一四年）を記念したとする事業などは確認できるが、それ以前の開創については管見の限り確認できない。開創一〇〇〇年が一八一四（文化一一）年にあたるが、この時に何らかの記念事業が行われたのかどうか、明確ではない。以上のことを総合的に勘案して、明治時代末期から大正時代初期に「四国霊場連合会」の結成の動きの中で開創伝承が創出された可能性があることを、ここでは指摘しておきたい。

空海と厄年③ ―厄年の歴史―

空海が八一五（弘仁六）年、四二歳の時に真言宗を広める活動を本格的に開始しようとしたことは先に述べたが、その年、空海自身が「厄年」であったのかどうかを検討しておきたい。

先項でも触れたように、そもそも厄年とは災厄や厄難を受けやすいと信じられている特定の年齢のことであり、『広辞苑』には「陰陽道《おんみようどう》の説で、何等かの厄に逢《あ》うとして忌み慎まねばならぬとする年」とあり、「陰陽道の説」と紹介されるように、厄年は大陸からもたらされた外来思想の一種で、平安時代には貴族社会でもてはやされ、のちに武家社会を経て民間に広まったとされる。この厄年の民間への定着については小池淳一氏によって明らかにされており（小池淳一「厄年と陰陽道―儀礼史的理解をめざして―」『儀礼文化』第二五号、儀礼文化学会発行、一九九八年）、古代、中世において厄年は陰陽道など多様な原理と儀礼とに支えられて社会に深く浸透していたが、近世においては厄年の原理は忘れ去られ、語呂合わせによる解説が盛んに行われるなど、古代、中世における厄年とは名称が同じでもかなり異なった様相を呈するようになった。これは密教や宿曜道そして陰陽道といった知識や信仰の体系が充分に理解されず、個々の知識や観念だけが受け入れられ、解釈が単純になったりしながら、民俗事象となっていったという。

これは江戸時代にまで遡ることができ、一七八四（天明四）年成立の伊勢貞丈『安斎随筆』に「十

九廿《にじゅう》五　卅《さんじゅう》三四十二を云ふ十九は重苦と云ふ心なり廿五は五々廿五と云ふによりて五々を後々二重後ととりなして死後の事として忌む卅三は三三と重なる故散々と取りなし忌む四十二は四二とつつく故死と取りなし忌むなりらちもなき事なり」とあるように、江戸時代において、語呂合わせによって広まった年齢であることがわかる。

ところが、奈良時代、平安時代から戦国時代までの古代、中世の史料には四二歳を厄年とする史料は確認できず、江戸時代以降の成立、定着と見られる。空海が活躍した平安時代初期にまで遡って四二歳の厄年習俗が存在したかどうかは史料上、明確にすることは困難であり、空海が八一五（弘仁六）年に、四二歳の厄年の厄落としのために四国霊場を開創したことを歴史的に実証することは、なかなか難しい状況である。

参考までに、江戸時代における厄除け大師の信仰の歴史、変遷については川崎大師平間寺（神奈川県、真言宗智山派）の事例が参考となる。川崎大師において厄除け信仰が興隆したのは一七〇〇年代後半以降であり、そのきっかけは徳川御三卿《ごさんきょう》の一つ田安宗武が一七五六（宝暦六）年に四二歳の厄除け祈願に宝篋印塔《ほうきょういんとう》を寄進し、その後、一一代将軍徳川家斉が一七九六（寛政八）年に二五歳の前厄に、次いで一八一三（文化一〇）年に四二歳の前厄に厄除け祈願、参詣をしたことであった。この将軍の厄年参詣の開始が庶民への厄年慣習の広がりの契機となった可能性もあり、真言宗寺院において四二歳厄年伝承の創出される素地が江戸時代中期から後期にできあがっていたようである。

地域における定年

「定年」という言葉は、その漢字から意味を察することは難しいが、関沢まゆみ氏の『隠居と定年』（臨川選書）によると、定年の語源は明治時代の旧陸海軍の「現役定限年齢」の略語として定着したもので、「停年」とも表記されたといい、明治から大正時代初頭においては停年とは武官の進級に関する制度上の用語であったものが、一九三五（昭和一〇）年頃には退職の年齢を意味するようになったと紹介されている。

また「停年」ではなく「定年」が定着するきっかけになったのは、一九五五（昭和三〇）年に「民間企業における定年制度等の実態調査」を人事院が行ったことによるらしい。定年制度は、もともと軍で制度化され、やがて官僚（公務員）へと定着し、昭和初期に民間企業にも普及したものである。現在、定年といえば六〇歳である場合が多いが、一九七〇年代までは五五歳が多く、さらに遡って明治時代の海軍工廠《こうしょう》では五〇歳であった。平均寿命の延びとライフサイクルの変容によって時代により定年の年齢も変化している。

さて、地域で伝承されてきた民俗においては、「定年」制度は明確には見られない。しかし、例えば八幡浜市穴井では長命講《ちょうめいこう》が組織されているが、講員になると村のユイ（共同作業）などには、参加しなくてもよくなる。また区長などの地区の世話役も引き受けることは稀となる。現在の講員はほとんどが六〇歳以上で実質七〇歳以上の方が多いが、かつては男女とも五〇歳以上の希望者は誰でも講員になれたという。ここでも会社などの定年退職制度と同様の時代的変遷が見られる。

この長命講では、講員は地区の世話役を務めない代わりに、地元の神明神社にて伊勢踊りを毎月一一日に行うことになっている。全員が白の千早《ちはや》に括《くく》り袴《はかま》、黒烏帽子《くろえぼし》に白足袋を履いた装束を身につけて、御幣を持って踊る。自らの長命・長寿とともに、地域の無事を祈願するのである。

このように、壮年世代では地域の中の村役を務め、それを修了すれば老年世代になり、地域での一種の神役といった社会的役割を担う。その境となる年齢が民俗における定年ともいえる。

八幡浜市穴井の長命講伊勢踊り

姥捨山《うばすてやま》と老人の知恵

年老いた親を息子が山へ捨てに行くというモチーフを持つ昔話・伝説に「姥捨山」がある。日本各地で語られている代表的な民話であり、『日本昔話通観』の中には県内の姥捨山の話が三一事例も紹介されている（稲田浩二他編『日本昔話通観』第二二巻（愛媛・高知）、同朋社、一九七九年）。

同様の民話は、『アジアの民話』（同時代社、二〇〇一年）によると日本だけでなくアジア各地にあるらしい。例えばラオスの事例は、老いを憎んだ王様が領内の老人を捨てさせるが、丸い木の棒のどちらが根元の方かを老人の知恵で解決し、王様から褒美をもらい、老人が見直されるという内容である。

これは日本の姥捨山の中でも、いわゆる「難題型」と呼ばれる話型に極めて似ている。領主が老人を捨てるように命ずるが、ある孝行息子が親を捨てきれず、自宅の床下に隠していた。ある時、隣の敵国から知恵を試す難題が課せられるが、誰も解けない。解けた者に褒美を出すと言い、息子が親に話すとすぐに解いてしまう。息子は領主から親を捨てなかったことを許してもらい、領主の命令は撤廃される、という内容の話である。

そもそも、これらの話は仏教経典『雑宝蔵経《ぞうほうぞうきょう》』に見えるものであり、仏典からの文字知識の受容により定着したもので、姥捨山は歴史的事実を伝えているものではないようだ。

また、姥捨山といえば、息子が親を捨てる際の悲哀が強調されるが、姥捨山の話型である「難題型」や、親を連れて行く際に使ったモッコ（籠）を子が持ち帰ろうとするので父が聞くと、今度自分が親を捨てる時に使うのだと言われ、親を捨てる非を悟る「親捨てモッコ型」などを見ると、姥捨山は、親を捨てる悲哀ではなく、捨てようとしたが、改めて老人の知恵や存在の大切さに気付くというのが主題なのである。一九五七（昭和三二）年に深沢七郎『楢山節考《ならやまぶしこう》』が出版されて以降、姥捨山の中の親を捨てる場面が強調され、もともとの話の趣旨が忘れ去られた感がある。姥捨山だけでなく、各地に伝えられた昔話・伝説の背景を今一度、確認してみる必要があるのではないだろうか。

戒めとしての隠居制度

愛媛県内では、隠居慣行が南予地方と伊予市、久万高原町に見られる。ある一定の年齢に達すると家督を息子に渡して、母屋から同じ敷地内にある隠居屋（ヘヤ）に移って暮らすという別居慣習である。中予地方や東予地方では隠居屋をともなった別居隠居の慣行はほとんど見られない。明らかな地域差が愛媛県の中でも見られる。

中山町中山（現伊予市）の場合、特にいつ隠居をするというきまりはないし、同居隠居が理想。跡取りが家長より発言内容や仕事量が上回るようになった時点で、家長が判断して隠居する。隠居と新家長との仲が良好であることが望まれるが、折り合いが悪い場合は、別居隠居する。その際は、家の財産の大半は隠居が取り、新家長にとっては悪い条件での分割になり、戒めとしての意味もある。別居隠居した場合の隠居側の財産は、通常隠居の子どもたちに相続されるが、他人に売却する場合は新家長に一言相談するのが慣例である。別居した場合、昔は嫁が隠居夫婦の食事にも心を配るのが普通であったが、近年は嫁に負担をかけることを嫌って別々に炊事するのが普通になっている。「理想は同居隠居」、しかし「折り合いが悪い場合は別居隠居」というように、別居隠居慣行は、必ず行わなければならないという強制力のある地域慣習というよりは、それぞれの家の中での人間関係を良好に保つ選択肢としての意味合いも見て取れる。そして財産の大半を隠居が取る場合もあるというように、戒めとしての意味合いもある。

この南予地方とその周辺地域にこのような別居隠居の民俗が色濃く分布していることは一般にはあまり知られていないことであるが、現代人の一生（冠婚葬祭、生老病死）の問題を考える場合に、いろんな示唆を与えてくれる民俗事象といえる。

歳を重ねる ―年取りと誕生日―

戦前生まれの方に誕生日を聞くと「二つある」と答えが帰ってくることがある。実際に生まれた日と、戸籍上での生年月日が違う場合が多いのである。西予市野村町の知人は一九二六（昭和元）年一月生まれと称しているが、実際には一九二五年一二月末に生まれたという。ちょうど大正から昭和に改元される時期で、親が新しい元号になって出生届を出したのだという。

もともと日本では生まれた年を一歳とする「数え年」で、家族みんなが元旦に一斉に年を取っていたので、誕生日を祝うという感覚は顕著ではなく、個々人の「誕生日」が定着するのは満年齢が導入された一九〇二（明治三五）年の「年齢計算ニ関スル法律」以降のことである。それでも広く普及することがなかったため、戦後の一九五〇（昭和二五）年に「年齢のとなえ方に関する法律」が施行され、ようやく誕生日を祝い、ケーキに歳の数だけのロウソクを立てて、プレゼントの贈答をするなどして歳を重ねるのが一般的となっていった。

かつては元旦に年を取る儀式が各地、各家々で行われていたし、現在でも行っている家もあると聞く。例えば松山地方や周桑郡《しゅうそう》（現西条市）ではイタダキサンといって、戸主が鏡餅を頭上にいただき「私は〇〇歳になりました。どうか今年も息災でございますように」と言う。伊予市中山町では、三宝に盛った、柿、栗、みかんなどを家長より一つずつもらって食べることで年を取った。一つ年齢を重ねる文化についても時代による差異が見られるのである。

第四章

死 ―葬送・墓制・供養―

伝統的な葬儀

葬儀、葬式は人が亡くなってから埋葬、火葬の遺体処理までの一連の儀礼である。葬儀の様相は時代によって、地域によって実に多様であり、愛媛県内だけをとってみても、その典型的なやり方を提示するのは難しい面もあるが、ここでは伝統的に行われてきた葬儀の事例として、一九七〇（昭和四五）年に瀬戸町（現伊方町）大久での葬儀の流れを紹介してみたい。

まず、死亡当日の対応である。死者が出ると家ではまずは死者の顔に白布をかけ、「末期《まつご》の水」を用意する。これは、死者ののどを潤すことで苦しみを軽くして、安らかに旅立ってほしいという遺族の気持ちが込められたもので、湯飲みに水を入れ、現在は割箸の先に綿を付けるが、当時は箸ではなく、紙縒《こより》を用いていた。そして死者の頭を西（一般的には北枕）に寝かせかえる「枕なおし」をする。枕近くには魔除けの小刀（小刀を持っていない場合は鎌）を置き、茶碗に枕飯を山盛りにして、箸を一本立てる。死者の手は合わせた状態にして、足は座った状態に曲げる。死亡当日にこの姿勢にしないと、硬直して土葬用の座棺に入らなくなるからである。部屋は畳を一方向に敷きかえる「畳替え」で長い辺を南北にして、神棚には白紙を貼り、玄関には忌中のしるしを貼る。

葬儀の参加者と役割分担であるが、近隣への死亡通知は喪主の代理人として近所の者で構成する念仏組の者が行く。一人ではなく必ず二人で行く。間違いがないようにするためだという。役場にもこの二名が死亡届を出した。家の中では死装束を家族・親族一同で縫うが、ハサミを使用せず、糸止めをしない決まりだった。そして死出の旅姿として手甲・脚絆をつけ、本人の気に入った着物を着せて、その上に白装束を着せる。頭陀袋《ずたぶくろ》には一〇円玉と一円玉を三枚ずつ、計六枚（いわゆる六文銭）と死者が好きであった物、菓子、果物などを入れた。

遺体を棺におさめる前に、体を湯でふき清める湯灌《ゆかん》を行う。これは家族と親族のうち役目付の「取置」が中心となって行うが、たらいの中にお湯を入れ、死者を座らせて、藁で作ったたわしを用いて体を洗う。その後に「取置」が遺体を入棺させる。

そして地元の者（大工と念仏組の約二〇人）で葬具作りを行う。用意する葬具については、棺（ガンオケと呼ぶ）は地元の大工がつくる。木製の箱形で高さが二尺四寸の座棺であった。位牌も大工がつくり、四花《しか》、龍頭《たつがしら》、旗四本は念仏組と張り物屋がつくる。なお、天蓋は寺に保管されているものを使う。墓の上に置く輿は大工と張り物屋がつくる。また、台所の賄いであるが、近所の者が調理し、場所は隣の家の庭や畑で米飯、魚、豆腐などを調理し、喪家の台所は使用しなかった。

死亡から葬儀までのタイムテーブルは、死亡日の翌日夕方に通夜を行い、二日目の早朝から念仏組が葬具作りと墓穴掘りを始め、食事も作って昼前には終了した。墓穴掘りは念仏組一六人中の男性六人から八人で行い、棺が入るように掘り、終わると酒一升、豆腐、芋のてんぷらで飲食した。昼に入棺して、自宅で棺おこしをして、浜辺へと移動し、そこで葬儀を行い、一時間程で終了し、日が暮れる前に埋葬をした。

　葬儀の帳場は親族一人、地元の経験者一人の計二人で行い、香典はお金であり、昔は米であったらしいがその記憶は廃れていた。帳場で香典を受け付け、香典返しには白砂糖四斤、会葬礼状、ハンカチを渡すが、ハンカチは一九六〇年代に入って香典返しに含まれるようになった。

　葬儀の参加者と服装は、喪主、家族が白の被り物（ヒタイボウシ）をして、羽織袴に草履を履く。草履は葬儀が終わると浜辺で履きかえた。首にはイロと呼ばれる白布袋をかける。近隣の者、友人などの参列者は普段着であり、参列者の多くが黒の喪服を着るのは後に定着したものである。

　なお、出棺から埋葬については、出棺時の作法として喪家の中では役目付の「持ち方」二人が棺を持ち、家の縁側から外に出ると念仏組に渡すことになっている。棺持の服装と履物は白の被り物（ヒタイボウシ）に草履であった。出立ちの作法としては、喪主が茶碗を割ることが多かった。葬列（野辺送り）の順番と役割は、位牌、香炉、霊膳、手助、取置、持方、両眼、茶水、燭台、天蓋、杖草履、傘、盛物であった。通る道は新道での近道はせず、昔の旧道を通った。そして「善の綱」といって、家族、親族で役目付のない女性が棺に付けた白布を引っ張った。

　埋葬は念仏組だけで実施することになっており、喪主、家族は埋葬後に墓に来た。棺の上にむしろを敷いて、その上を薄い平石（緑泥片石）で覆った。墓は盛り土し、その上には一五センチほど石積みをした。そこに家形の輿を置き、上部に鳥形を付け、龍頭を飾った。周囲には竹を四本立て、白糸で囲った。

その後、初七日から四十九日まで七日ごと（七、一四、二一、三五、四二、四九日、なお二八日はしない）に自宅の仏壇で念仏を唱え、墓参した。なお、墓参は線香、水を持って家族が毎朝行っていた。一九五五年頃までは野灯籠といって、四十九日まで毎晩墓まで燈明を付けに行っていた。四十九日が忌明けになるが、この日には四十九餅といって四九個の餅もしくは団子を作り、家族、親族、近所の人たちで分けた。そして年忌供養は三回忌、七回忌、十三回忌、二十五回忌、三十三回忌を行い、五十回忌が年忌供養の最後で「弔い上げ」となった。

以上が、一九七〇年の南予地方での葬儀の一例であるが、その後、土葬から火葬に代わって棺が座棺から寝棺に変化したり、一九七〇年代後半からそれまでなかった遺影を野辺送りで持ち、葬儀場に飾るようになるなど、変化は激しい。伝統的な葬儀は喪主、家族、親族といった「血縁」と近所の「地縁」がうまく役割分担しながら死者を見送る形になっており、そこから地域社会のつながり、結束も見えてくる。地域社会がどのように変化、変容を遂げてきたのかを知る上で、かつての葬儀に関する民俗文化は重要なヒントを与えてくれる。

土葬から火葬へ

一九九七（平成九）年頃、小田町（現内子町）の某所で墓地や埋葬に関する話を聞いた際に、平成に入ってからも土葬による埋葬が行われているとのことだった。それは故人が「死後、焼かれるのが痛そうで怖い」との意思だったため土葬にしたという。今では火葬が常識になっているため、あまり考えることはないだろうが、遺族にとっては数日前まで生きていた者の体が焼かれることに対して抵抗がないといえば嘘《うそ》になる。しかし、火葬によって墓地が狭小ですむことや、分骨が可能であることなど利点もあり、現在では遺体の焼却は残された家族が死を直視して受け止める儀礼として機能しているともいえる。

さて、碑文谷創『葬儀概論』（表現社、一九九六年）によると、日本では一九九四（平成六）年時点で火葬率が九八パーセントと圧倒的だが、高知県では一四パーセント、山梨県では一一パーセントが土葬と地域によっては土葬率が高いところもある。愛媛県内では、都市部で戦前にはすでに火葬場が整備されて土葬が早くから消えていたが、農漁村部や山間部では一九六〇年頃まで土葬が一般的だったところが多い。例えば、周桑郡小松町石根《いわね》（現西条市）の場合、大正時代に編纂《へんさん》された『石根郷土誌』に「死体ハ総テ土葬ニシテ伝染病ノミ火葬トス」とあるように、戦前は土葬が主流であり一九五〇年代まで続いていた。一九六〇年に周桑事務組合によって火葬場が竣工《しゅんこう》してからは次第に火葬が増加し、一九七〇年代にはほとんど見られなくなった。また、西宇和郡瀬戸町（現伊方町）では一九七〇年までは土葬が圧倒的に多く、一九七二年からは火葬の方が多くなり、一九八〇年を最後に土葬はなくなっている。火葬は浜辺で行っていたが、薪や油が大量に必要なので、お金に余裕のある家でなければ火葬はできなかったという。

土葬が減少して火葬へと移行すると、土葬に伴う墓穴掘りなどの作業が必要なくなったため、葬儀自体のタイムテーブルが変わったり、土葬しやすいため、それまで主流であった座棺《ざかん》が次第に寝棺《ねかん》へと変わっていった。また墓石についても各個人を埋葬する個人墓から、何人も追骨できる代々墓（家墓）へと変化している。火葬の普及は葬送儀礼のみならず、墓制にまで影響を与えたのである。

死人を呼ぶ「魂呼《たまよ》び」

西予市宇和町の多田地区の生活を記した水野薫『わが多田村に於ける明治の思い出』（多田白寿会、一九七四年）に、「死人を呼ぶ」という項目があり、愛媛県内各地で行われていた「魂呼び」の事例が紹介されている。著者の水野薫は一八九七（明治三〇）年生まれ。「魂呼び」は明治時代まで行われ、その後に消滅していることがわかり、時代変遷を知ることができる。

「昔は、大切な働き盛りの人が、大病にかかって危篤状態になると、五、六人の人がその家の屋根の上にあがって、その人の名を呼び、戻れよと声を限りに叫んだ。その悲痛な叫び声が、病人のたましいをゆり起し、そして神にも届けと願ってのことであったろう。そのとき赤い布切れをふり、箕《み》でぱたりぱたりとあおぐのである。おそらく天地の神を招くために風を起し、神さまが赤い布切れに気付いてもらおうというのであったろう。私はまだ小さいときこんな情景を見て、母からあそこの人が死にかけているのだときき、こわくなったことを覚えている。こんな風習も明治時代が終ると消えてしまった。しかしそんな病人が出ると、部落の人たちがとるものもとりあえず、神社にお参りして祈《き》祷《とう》をしてもらい、快癒の祈願をしたものだが、こんな美しい風習はまだ残っているかもしれない。さて、屋根にのぼって死人を呼びもどす、との話題を書き終って家内に話したら、大洲地方にもあったこと、幼い時に自分も見たことを覚えている、ということだから、これは多田のみならず、この地方一帯に広く行われていたものであろう。因に家内は明治三十四年生れ」

愛媛県内の魂呼びの事例は『愛媛県史民俗編下』にまとめられており、分布は県内全域にわたり特定の地域に偏っているわけではないこと。使用される道具には箕、桝《ます》、菅笠《すげがさ》が多いこと。屋根の上にのぼる例が多いこと。子どもや若者の急死、難産死の時に行われることが多いこと。呼称は「魂呼び（タマヨビ）」ではなく、「ヨビカエシ」「ヨビモドシ」が多いことなどがわかる。

ちなみに「魂呼び」の習俗であるが、愛媛に限ることなく江戸時代以前の文献を見てみると、古代から近世、そして近代まで行われていたことがわかる。一五三二（天文元）年に成立した『塵添壒囊《じんてんあいのう》抄《しょう》』には、「死人喚名蘇事　死ニタルモノ、名ヲ喚べバ生カヘルト云事、如何（中略）是ハ権者達ノ御振舞ナレバ、心マカセテ生帰リ給フ。左様ノ事ヲ聞伝ヘテ、帰ルマジキ者ヲ喚ブ事ハマコトニ愚癡ノイタリ也。仏名ノ一遍ヲモ唱ヘテ聞セタラバ、後世ノタスカリトモナリナン者ヲトゾ覚ユル」とあり、仏教儀礼とは関わらず民間習俗として魂呼びが存在したようで、仏教的立場からすると往生《おうじょう》優先であり、魂呼びは批判の対象となっていた。さらに古く、平安時代の公卿藤原実資《ふじわらのさねすけ》の日記『小右記』一〇二五（万寿二）年八月七日条には「昨夜風雨間、陰陽師恒盛、右衛門尉惟孝、昇東対上〈尚侍住所〉、魂呼、近代不聞事也」とあり、貴族社会において通例化している習俗ではなかったものの、陰陽師が魂呼びを行っていたことがわかる。

さらに古く、奈良時代に成立した『日本書紀』（巻一一「仁徳紀」）には「（オオサザキ尊が）髪を解き（ウジノワキノイラツコの）屍《しかばね》に跨《また》りて、三たび呼びて曰はく、『我が弟の皇子』とのたまふ。乃ち応時《たちまち》にして活《い》きてたまひぬ。自ら起きて居します」とあり、魂呼びは死体の上に跨って、三回名前を呼ぶという方法であった。

参考までに、愛媛県内では類似の行為はお産の際にも行われていた。産気づくと、身内が屋根に上って笠や箕を振りながら産婦の名前を呼ぶ（西海町《にしうみ》〈現愛南町〉）。産気づくと、屋根の瓦二、三枚をはいで産婦の名を呼び、次に井戸をのぞきながら、また名を呼ぶ（宇和島市日振島）という事例が『愛媛県史民俗編下』に紹介されている。出産は命をかけて「死」のリスクを抱えてのことであり、無事であることを切実に願っての行為だったのだろう。

ヒロシマへ行くこと

我々は人の死に直面したとき、直接「死」の表現を使うことは稀で、「逝去」や「永眠」「お亡くなりになる」「おかくれになる」などという言いまわしを使う。「死」に関してはその表現を避けようとして様々な言葉が存在しているのである。このことについては、地方独特の表現も見られるので、今回はその一例を紹介してみたい。

八幡浜市大島では、人が亡くなった際に「死ぬ」という直接表現を避けるため、「別府の湯に入りにいく」という代用表現（これを忌み言葉という）を使う。「あの人は死んだ」とは言わずに「あの人は別府の湯に入りに行った」と表現するのである。このような「死ぬ」の忌み言葉として「○○に行く」という事例は八幡浜市や西宇和郡各地にあり、『八幡浜市誌』にも方言の一つとして「ヒロシマに鍋を買いに行った」が紹介されている。また、瀬戸町大久《おおく》、三崎町三崎（現伊方町）でも「ヒロシマに行く」と言っていると私も実際に聞いたことがある。この「ヒロシマ」のことを地元の人は、中国地方の広島のことかどうかは知らないが、昔からそう言っているという。

実は、この忌み言葉は八西地域だけでなく、瀬戸内海を中心に西日本各地に見られるものである。

「広島に米を買いに行った」「広島にたばこを買いに行った」などと言うのである。南宇和郡西海町（現愛南町）では「大阪に行く」という例もある。

この忌み言葉はもともと広島県の宮島で発生したものではないかと推測している。宮島は厳島神社の鎮座する神の島であり、ケガレを極端に忌み嫌う島として知られ、例えば、島内には墓地は全くなく、現在でも島民が亡くなると本土対岸の赤崎に移されて埋葬されることになっている。また、かつては死者の家族は服喪が明けるまで島には帰れなかった。宮島ではその風習がもととなって、死者のことを「広島に行った」というようになったのである。一八世紀半ばの寛保年間の成立と言われる『夏山雑談《なつやまぞうだん》』にすでにこの忌み言葉は紹介されており、その後の厳島信仰の広がりとともに西日本各地に伝播していったと思われる。八幡浜市大島の「別府へ行く」や西海町の「大阪に行く」は「広島へ行く」の変化系といえるだろう。

ただし、大島の場合、死者の霊魂が大分県別府という、大島から見れば西方向になっているが、仏教で「西方極楽浄土《さいほうごくらくじょうど》」というように、夕日の沈んでいく西に浄土（あの世）があり、死者の霊魂がそこへ向かうと認識されているのは、実際の霊魂の行方を考える上で興味深い。八幡浜の海岸部では、盆行事として海に向かって精霊流しを行うが、流す先の方向はやはり西である。この地方では西方向に死者の霊魂が宿る「あの世」があると無意識のうちに考えられているのではないだろうか。

戦死のリアリティ

市町村が刊行している自治体誌には必ずといってよいほど「兵事」の章立てがあり、戦没者の名簿が旧村（大字）単位で記載されている。それらを概観すると、西南戦争、日清戦争では市町村内で数名であり、日露戦争になると旧村ごとに数名の戦没者が出ていることがわかる。そして日中戦争からアジア太平洋戦争へと戦況が拡大すると、ほとんどの地域（大字単位）において戦没者を何十人単位で出している。身近な親族、近隣の者が戦争の犠牲になるという未曾有の現実を体験したのである。

現在、戦後八〇年近くとなり、戦争の直接体験者は高齢化している。戦時中に子どもで、銃後のくらしを経験した世代も壮年期を過ぎ、夫が兵士として戦地におもむいた末、戦死してしまった未亡人世代は九〇歳代以上となっている。戦後、戦争体験集が数多く刊行されているが、それらの一覧を作成してみて気づくことがある。元兵士、学生時代に勤労動員した方々、戦災に遭った方々の体験集は多いが、戦争未亡人・遺児が直接語った体験集がなぜか少ないのである。

戦争未亡人・遺児は、最も身近な人を戦争で失った悲しみを経験しており、働き手を奪われ、しかも一九五〇年代までは国家補償や援護もない状態での生活を余儀なくされた。戦死の現実を突きつけられ、戦後を生き抜かなければならなかったのである。この方々の戦争体験集が少ないのは、体験を綴《つづ》るには、あまりにも現実が厳しく、書くに書けない、もしくは伝えるに伝えられない状況があったと察する。しかし、これでは戦死のリアリティを後世に伝えることを困難にしてしまう可能性がある。戦争は必ず戦死者を生み出すものであるが、戦後八〇年近く、戦死の現実を直視する機会のない世代が増えてきた。直視するには、まずは伝えることが必要となる。戦争未亡人・遺児が体験した現実を、本人たちが自ら多く語ることは心情的に難しい。ならば、今の若い世代が主体となって聞き取りをして、語ってもらい、記録することで次世代へ伝える努力をする必要があるのではないだろうか。

戦没者の墓標

私は各地を見て歩く際には必ず共同墓地を訪れ、墓石・墓標を調べ、墓石の中でも、頭頂部の尖《とが》った角錐《かくすい》型をした戦没者の墓についてデータを集めていた時期があった。戦没者の墓石は、アジア太平洋戦争が激化して戦没者の数が多かった一九四〇年代に建てられたものはなぜか少ない。一九五〇年以降の建立が多く、一九六〇年代が最も多い。一九七〇年代になると若干数は少なくなる。

形状は下段に角台が二段、その上に細工台を入れて、その上に棹石（サワイシ）を建てるのが通例である。棹石は下幅一に対して高さ四～六の割合で作っている。棹石は上部にいくほど幅が狭くなり、頭頂部を尖らせる。頭頂部の尖らせ方は時代とともに、低くして、曲線を強調するようになったという。

南予地方の場合、墓の石材は、かつては砂岩系で黒っぽい宇和島石が主流だった。この石は加工しやすいので使われていたが、一九五〇年代から次第により硬質で粘りのある庵治《あじ》石（青御影石）が普及していった。一九五五年頃から切削機が各石材店に導入されてからは庵治石が本流となった。それまで石材店では、ほとんどの工程が鑿《のみ》による手作業だったので、切削機導入以降は大量受注が可能になった。

一九六〇年代に戦没者墓石の建立が多かった理由は、切削機導入の他に、石塔を建てる年忌（「石塔上げ」）に関係がある。火葬が普及した現在では死者の一周忌もしくは新盆、新彼岸に石塔を建てることが多いが、一九六〇年代以前は土葬が一般的な地域が多く、埋葬した遺体が土に帰って墓土を安定させるため、石塔を建てるのは十三回忌もしくは十七回忌の場合が多かった。戦没時期は一九四〇年代の場合が多いので、十三、十七回忌はちょうど一九五〇年代後半から六〇年代前半にあたる。そして何よりも一番大きな理由は、戦後間もなくは、いまだ戦没者を供養するにしても経済的、社会的余裕がなかったことである。

戦没者の墓標

戦没者の墓標を見ていくと、戦争が一九四五年で終わったわけではなく、労苦はその後も長く続いていたことを実感させられる。

疫病の歴史 ―中央集権の時代と感染症―

二〇二〇（令和二）年からの新型コロナウイルスの世界的流行は、社会の多分野に大きな影響を与え続けている。近代以降の人類社会は、ワクチンの開発や抗生物質の発見、そして衛生環境の改善、教育による保健意識の向上により、感染症の予防や治療といった対処方法が飛躍的な「進歩」を遂げたが、結局、感染症を克服するには至っていない。「制圧」や「根絶」も近代的思考であり、ポストコロナ時代に感染症と向き合う新たな思想を構築する必要性を痛感させられる。

そもそも、人類の歴史は感染症との戦いであった。古代エジプトでは天然痘の感染履歴のある者がミイラとして埋葬されており、中世ヨーロッパではペストで人口の約三分の一が死亡したとされる。近代でも一九一八（大正七）年からのスペイン風邪により、世界で五億人以上が感染して約四〇〇〇万人が亡くなり、日本でも約三九万人の死者が出たといわれ、各時代、感染症により多くの命が奪われてきた。

日本での感染症の記録は古代から豊富に残されている。『日本書紀』崇神天皇五年条「国内疾疫多く、民死亡者有り」が疫病の初見で、飛鳥時代以前に十数回、『続日本紀』によると奈良時代には二〇回の流行が確認できる。『続日本紀』は『日本書紀』に次いで勅撰で編纂された歴史書で、飛鳥後期から奈良時代の政治、社会、文化に関する様々な出来事が記されており、この中には伊予国（愛媛県）における感染症流行の記録も含まれている。七〇六（慶雲三）年四月には安芸（広島県）、伊予（愛媛県）など七か国で「飢疫」と記され、西日本で飢饉と疫病が発生している。また、翌七〇七年一二月には「伊予国疫、給薬療之」とあり、感染症が流行したので、朝廷から薬が給付されている。七〇七年後半の疫病の記録は伊予国以外には確認できず、翌年二月に讃岐（香川県）、三月に山背（京都府）で疫病により薬が給付された記事が出てくる。このシーズンの疫病は、伊予国が最初の感染拡大地域となり、徐々に西日本各地に広がったと推測することができる。これらが愛媛最古の感染症関連の史料である。

なお、七〇六年末には「始作土牛大儺《たいな》」とあり、伊予国をはじめ疫病で多くの者が亡くなったので、土製の牛を使った祓の儀礼「大儺《たいな》」を実施している。これは後に「追儺《ついな》」と呼ばれ、鬼を追い払う節分行事の起源となった。現在の節分での鬼やらいの起源も疫病と関連しており、人々は安寧や疫病退散を祈願して、様々な祭り・行事が営まれ、現在にも継承されているものも多い。

さて、飛鳥時代後期から奈良時代は、日本と大陸との間で人やモノの交流が頻繁に行われた時期でもあった。その副作用として新型の感染症が国内に持ち込まれて流行し、多くの死者を出すことになり、当時の社会に打撃を与えた。特に七三五～七三七（天平七～九）年の天然痘の大流行は、まず九州北部の大宰府から西日本各地に感染が拡がり、最後に奈良の平城京にまで蔓延した。この疫病により庶民だけではなく、政権中枢の藤原房前ら四兄弟を含めた多くの貴族も感染して亡くなり、朝廷は一時、麻痺状態に陥った。このような世情を憂い、聖武天皇は仏教への信仰を深め、東大寺の盧舎那《るしゃな》仏《ぶつ》（奈良の大仏）の建立にもつながっていった。

また、この時代に疫病が頻発した要因として、中央集権体制の確立が挙げられる。六九四年に都城制を敷いた藤原京が整備され、七〇一（大宝元）年に大宝律令が制定されたことで、中央の都と、地方の国、郡、里とが政治的にも経済的にも強く結ばれて、人、モノの往来が可能な交通網が築かれた。これは疫病が拡散しやすい社会構造であり、中央、地方に関わらず、ひとたび病原体が持ち込まれると列島内で一気に流行しかねないインフラでもあった。

中央集権の国土を構築したのは奈良時代だけではない。維新期の明治政府も、それまで幕藩体制下での地方分権的な社会を、中央集権的な近代国家へと転換させたが、結果的に感染症の時代へ突入させることになる。江戸時代後期に海外から上陸したコレラ（虎列剌）は一八二二（文政五）年、一八五八（安政五）年などに流行したが、明治に入って数年おきに流行するに至り、コレラ以外にも赤痢、天然痘、腸チフスに加え、ペストが日本でも蔓延し、愛媛県内では一九〇六（明治三九）年に紡績工場などによる近代化の進んだ都市・川之石（現八幡浜市）ではじめてペストが流行することとなった。愛媛県内では『愛媛県統計書』から数字を抽出すると、これらの感染症によって一八八九～

一九一二（明治二二～四五〈大正元〉）年に一六五五〇人が死亡しているが、その実態は充分に究明されていない。人類と感染症の対峙から「近代」「現代」「未来」を考えるために、各地域の疫病の歴史や伝承の掘り起こしが求められる。

疫病を神に祀る風習

二〇二〇年からの新型コロナウイルスの流行もあって、過去、日本列島を襲った疫病に関する文化に注目が集まっている。この項では、愛媛県内の事例についてまとめておきたい。

今治市菊間町浜では、毎年一〇月第三日曜日の加茂神社、厳島神社の祭礼に牛鬼《うしおに》が登場する。牛鬼は魔を祓うとされ、家の前で首を上下に振って無病息災とする。江戸時代に疫病が流行した時、牛鬼を出すようになったが、その後、牛鬼を出さなかった年に再び疫病が流行したので、以降、今日まで続いている。

一八五八（安政五）年には南予地方でコレラが大流行して多数の死者が出た。現在の西予市三瓶《みかめ》町朝立《あさだつ》では、悪疫退散が叶《かな》った

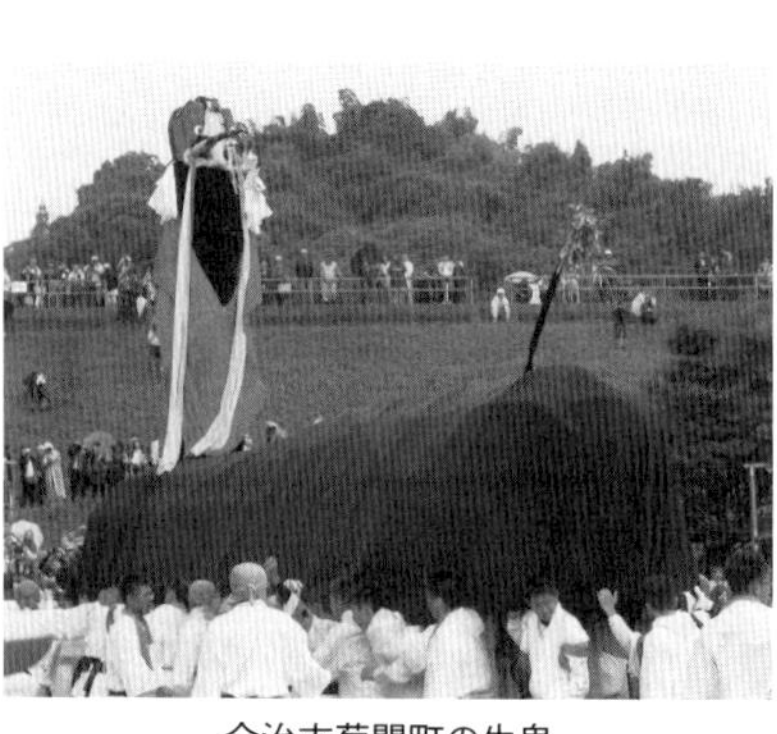

今治市菊間町の牛鬼

八幡浜市五反田の柱祭り

ら、翌年から祭礼行列を出して、地区の繁栄を期すと神社に誓願した。そして冬には収束して行列を出すことになり、現在でも牛鬼や四ツ太鼓の出るにぎやかな祭りとして継承されている。

同時期の史料として現伊予市の「塩屋《しおや》記録」がある。翌安政六年は中予地方でコレラが大流行し、その様子が記されている。郡中周辺では伊予稲荷神社や宝珠寺《ほうしゅうじ》などで祈祷が行われ、石鎚山にも祈願した。神楽の奉納も行われ、町に神輿や、災い除けの天狗《てんぐ》などの大人形を担ぎ出し、疫病を防除しようとしたと記されている。

また、松山市森松の須賀神社で毎年八月二四日に行われる入端《いりは》祭《まつり》は、昔、疫病が流行して村人が大勢亡くなり、中でも子どもの死者が多かったため、子どもの安全祈願のために祭りが始まったとされ、中止すれば不幸が再来すると伝えられるなど、祭り・行事の由来伝承に疫病が関連している事例は多い。

疫病を非業の死を遂げた者の祟《たた》りと見なす伝承などもある。八幡浜市五反田では、戦国時代に金剛院という修験者がいて元城《もとじょう》の城主・摂津氏に仕えていた。九州での修行中、元城が攻められた知らせを受けて急ぎ帰ってきたが、敵の来襲と見誤られて射殺された。その後、五反田に疫病が流行したが、金剛院の祟りであるという噂《うわさ》が広まり、その霊を鎮めるために柱祭りが始められたという。現在でも八月一四日に王子の森グラウンドに高さ二〇余メートルの柱を立て、先に漏斗《じょうご》がつけられ、若者たちが漏斗めがけて火のついた麻木殻《おがら》を投げ入れる。五反田内には金剛院神社が祀られており、祭りで投げる火を採火したり、祭りのあとは燃えた漏斗を奉納し、成就の報告をしている。

戦国時代、現東温市にあった吉山城主・和田吉盛が流行病の身を押して、松山の荏原城主・平岡房実と戦うも負けてしまった。切腹の間際に、神として祀れば村人を疫病から守ると言い残したとされ、村人は和田霊神として祀り、現在でも盆踊りを奉納している。ある年、近辺で疫病が流行した際には地元の志津川の者は病にかからなかったという。

大洲市森山の大草履

戦国時代よりも遡る伝承であるが、松山市菅沢町に新田大明神が祀られている。南朝で敗北した新田義治（義貞の甥）、義宗（義貞の三男）が伊予国に隠遁したという伝説があり、菅沢に悪い病気が流行った際に私財を投げうって人々を助け、彼らを新田大明神として祀るようになったという。地元に残る道標には「新田社」と刻まれており、疫病退散のご利益を求めて多くの者が参詣するほどであった。

大洲市森山の大貸《おおかし》地区では集落の入口に大きな藁草履が

吊るされている。かつて疫病で地区内の多くの子どもが犠牲になったため、大草履を履く巨人がいることを示して、悪いものを退散させようとした。大草履には「お弁当」と称して、おにぎりなどを入れていた。単に脅して追い払うのではなく、供え物で饗応して退散してもらうという形で、平安時代の疫神祭での対応に類似していて興味深い。

このように疫病自体を神としてみなす事例も多い。江戸時代の今治の風習を記した「旧藩政当時実見録」(『国府叢書』所収)によると、天然痘は疱瘡《とうそう》神という神の仕業であり、疱瘡神に注連縄《しめなわ》を張り、赤飯を献上した。患者には赤い木綿布を被り、全快したら注連縄を取り除いて、それらを神社に納めるのが慣例であった。

伊予市上吾川の伊予岡八幡神社境内には末社として加佐守《かさもり》神社があり、大直日神《おおなおびのかみ》が祭神とされている。これはその昔、天然痘が流行したことに由来すると言われ、「加佐(かさ)」とは「瘡」を指すと考えられる。また、松前町浜の疫鎮社《えきちんしゃ》は、昔、疫病まん延のときに祀られたもので、祭神は疫鎮之大神である。同じ祭神は松前町横田の素鵞神社にも祀られる。慶長三(一五九八)年に疫病が流行したので、神職が各所に勧請したと伝えられ、その一つが素鵞神社に祀られ、流行病を鎮める守護神とされた。

八幡浜市谷では疫病を青鷺《あおさぎ》神社(現宮鷺《みやさぎ》神社)として祀ったが、類例は八幡浜地方に多い。中津川でも大元神社に青鷺神社が合祀されている。かつては春祭りに神輿を担いで、合祀前に祀られていた山に持っていって供物を奉納する行事が戦後間もなくまで行われていた。疫病自体を神に見立てて、村境の山へ神送りの形式で送り出す意味合いもあり、「祀り上げ」に加えて「送り出し」が疫病への対処方法とされた。

このように県内各地に疫病に関する民俗伝承が見られる。新型コロナウイルス感染症と向き合う日々を経験した今こそ、それぞれの地域の疫病の歴史を再確認してみてはいかがだろうか。

災害の犠牲者 ―記憶と伝承―

西予市宇和町伊延《いのべ》に蛇骨堂《じゃこつどう》という祠がある。かつてここは荒地で大蛇が住み人々に危害を加えて苦しめていたが、中世の武将・宇都宮永綱が開墾した際に大蛇を退治し祀ったとされる。実はこの付近の急傾斜地では土石流危険渓流が数多く見られ、昔より山肌の木々を割くような土砂崩れが発生していた。人々はこれを大蛇と見立て、地元の開墾伝承として記憶化してきたのだろう。このような災害を怪異に見立てる事例は全国的にも見られ中部地方の「やろか水」（洪水）とか「蛇抜け」（山崩れ）、江戸時代の妖怪絵に出てくる「天狗礫《てんぐつぶて》」（落石）などがある。土地土地の伝説の中には、先人が経験

八幡浜市谷の宮鷺神社

西予市宇和町伊延の蛇骨堂

した災害の恐怖の原因を神々や妖怪といった超自然的存在の為せる業と考え、それを地元の物語として構築し、後世に伝えるための災害記憶装置となっているものが実は多い。

なお、ナマズが暴れると地震が起こると言われているが、江戸時代初期以前には龍の仕業と考えられていた。江戸時代初期の「大日本国地震之図」を見ても日本列島を龍が取り囲んでいる。『増補大日本地震史料』によれば、江戸時代以前の地震を「龍動」「龍神動」と記す例もある。地震災害も龍といった超自然的存在が原因と考えられていた。

さて、地震が発生した時に、人々は地震が止むようにと唱え言をしていた。全国的に見ると、地震の時の唱え言としては「マンザイラク」があり、江戸時代から危険な時や驚いた時に唱える厄除けの言葉として有名である。八幡浜市では地震の時に「コウコウ」と叫んだといい、また大洲市でも同じく「コウコウ」と言うと地震が早く止むとされる。松山市垣生でも一九四六（昭和二一）年、昭和南海地震の際に大声で「カアカア」と言ったという実体験もある。今治市伯方町でも「トトトトト」と唱えれば助かるという伝承がある。おおまかには南予ではコウコウ、東予はトウトウ、中予はカアカアが多いようである。感覚としては、落雷の時に「クワバラ、クワバラ」と唱えるようなものであろう。この地震の唱え言は高知県にもある。『諺語大辞典』には「地震ノ時ハカアカア、土佐の諺、地震の時は川を見よの意なりと云う」とある。つまり地震が発生したら落ち着いて川の水の状態や海水面をよく観察し、山崩れや津波の来襲に気を付けるようにという意味である。ただし「コウコウ」はもともと「斯く斯く」（こうだ、こうだ）で、人を打ったり、折檻《せっかん》したりする時の掛け声である。『幼稚子敵討《おさなごのかたきうち》』に「かうかうかうと軍兵衛が刀を抜取、背打《むねうち》にする」とあるように、歌舞伎の台詞にも出てきている。江戸時代に歌舞伎で人を打ったりする際の掛け声「こうこう」が、地震を鎮めるまじない言葉として一般化したものと推察できる。

さて、口頭伝承以外に災害の記憶を伝えるものに石碑がある。例えば徳島県海陽町の海岸部を歩いていると、いたるところで「南海地震津波最高潮位」と刻まれた石碑が見られる。一九四六（昭和二一）年の昭和南海地震でこの地を襲ってきた津波の記憶を、今に伝えている石碑である。これが建てられたのは一九八五（昭和六〇）年。合併前、当時の海南町が主体となって建てられた。後世に津波の危険性を伝えるためには、文献記録や看板表示ではなく石碑にすることで永年の記憶化を図ったといえる。石碑が建てられたのは津波から約四〇年後。次第に世代が交代し、口伝えで津波の記憶が地域住民の中で共有化しづらくなったことに起因したのかもしれない。この石碑のある地区では津波で八五人もの犠牲者が出ているものの、四〇年経つと記憶は風化し、忘却されてしまい、新たに津波の悲惨さを伝える石碑建立という記念化行動を起こしたのである。それぞれの津波石には、発生時、建立時、そして今現在の「記憶」化や「忘却」対策の想いが込められている。

そして、津波の記憶は石碑として建立すれば、必ず後世に伝わるというわけでもない。例えば岩手県大船渡市三陸町吉浜の吉浜川河口で見つかった大きな津波石。一九三三（昭和八）年の昭和三陸津波で海から約二〇〇メートルも流されたもので、幅約三メートル、高さ約二メートル、重量約三〇トンの巨石である。ここに「津波記念石　前方約二百米突　吉浜川河口ニアリタル石ナルガ昭和八年三月三日ノ津波ニ際シ打上ゲラレタルモノナリ　重量八千貫」と刻まれている。実はこの津波石は一九七〇年代の道路工事で地中に埋められてしまい、二〇一一（平成二三）年、東日本大震災での津波で道路が崩壊し再び地表に現れたのである。昭和三陸津波が一九三〇年代。道路工事で埋められたのが一九七〇年代。約四〇年の時間が経過している。先に挙げた徳島県の津波石建立も四〇年後。やはり世代の交代で記憶の風化が起こってしまい、吉浜の津波石も後世に保存するという意識よりも開発が優先され、次第にその石の存在も忘却されていったのだろう。このように、石碑を建立しても、もしくは石に刻んだとしてもすべての記憶が後世に伝わるわけではない。

なお、愛媛県には有史上の南海地震などでの津波被害を受けてきた高知県、徳島県などに比べると、地震、津波に関する石碑は少ない。愛媛でも江戸時代の宝永、安政南海地震などで宇和海沿岸部を中心に津波が押し寄せたことを記録する文献史料が数多く残っている。ただし村浦が壊滅し大多数の死者が出たという具体的記述は、高知や徳島などに比べると少ないのは事実である。やはり、記念碑、供養塔を建立する主体は「個人」ではなく「地域」といった集団であり、その村浦で多くの犠牲者が出るといった未曾有の出来事でない限りは、記念碑、供養塔といった津波碑は残りにくいのかもしれない。つまり、甚大な被害が出た地域では津波碑が残って後世に記憶を伝えることができるが、村浦を壊滅させるまでいかない津波被害の地域では、かなりの建物被害が出たとしても津波碑は建立されず、数十年後には地域の中での津波の記憶は忘却されやすいといえる。

このように災害の記憶については地域に現在残っている伝説だけではなく、災害の歴史的事実が伝承化もしくは忘却化されるメカニズムについても、民俗学の立場で深く洞察していくことが必要だと、二〇一一年の東日本大震災以降、そして二〇一八年の西日本豪雨以降、痛切に感じている。

愛媛の自然災害伝承碑

国土地理院は二〇一九（令和元）年度より、過去に発生した自然災害の記録や教訓を刻む石碑やモニュメントである「自然災害伝承碑」を地図記号で公開することとなった。市町村からの申請により登録される仕組みで、地図記号として広く周知されることにより各地の防災教育などでの活用が期待されている。二〇二三（令和五）年一一月現在、全国で二〇四九基が登録され、愛媛県内では一七基

（松山市四基、宇和島市四基、西条市三基、大洲市一基、伊予市二基、四国中央市一基、西予市一基、松前町一基）と少ないものの、筆者の調査では愛媛県内に約五〇基を確認しており、未登録の伝承碑は数十基にのぼる。今後、各自治体で伝承碑の把握、登録、活用が望まれる状況にあり、ここでは愛媛県内の自然災害伝承碑の一例を紹介してみたい。

一九四六（昭和二一）年一二月二一日、紀伊半島から四国沖の南海トラフを震源とする大地震が発生し、全国で一三三〇人、愛媛県内でも三〇人が犠牲になった。人的被害、家屋の被害のみならず、地震活動での地盤沈降によって海岸部の低地集落に海水が流入したり、防波堤の機能が低下するなど長期にわたる影響が見られた。

一九六二（昭和三七）年、松山市北条に建てられた堤防工事碑がある。正面に「北温海岸防波堤竣工記念」とあり、裏面に「昭和二十一年十二月の南海地震によりこの

西条市禎瑞の自然災害伝承碑
（昭和南海地震）

松山市北条の自然災害伝承碑
（昭和南海地震）

松山市大可賀の災害絵額（明治17年高潮災害）

海岸では約六十糎《センチメートル》の地盤沈下を生じ（中略）昭和三十六年三月これが改良事業の完成を見た」とあり、地震での地盤沈降から約一五年の歳月を経てようやく復旧したことを物語る。

同じく地盤沈降に関する伝承碑として、西条市禎瑞の「客土記念碑」がある。江戸時代からの新田開発で成立した禎瑞では、一九四六（昭和二一）年の南海地震の影響で家屋の倒壊、堤塘の崩壊、潮水の噴出が見られた。地盤沈降が原因となり、台風が襲来するごとに水田が冠水して農業被害は甚大となったが、大規模な農地改良工事が実施され、復興を記念して一九六一（昭和三六）年、地元嘉母《かも》神社の境内に記念碑が建立されている。南海トラフを震源とする大地震は、今後三〇年以内に七〇～八〇パーセント程度の確率で発生が予想されており、愛媛県内の過去の地震伝承碑から学ぶことは多い。

瀬戸内海沿岸は過去から高潮による浸水被害が多発してきたが、甚大な被害が発生したことで知られるのが一八八四（明治一七）年八月二五日の高潮被害である。特に松山市沿岸部の被害が大きく、三津浜や大可賀で多くの犠牲者が出た。江戸時代からの新田開発によって開けた大可賀では、集落を護っていた堤塘《ていとう》が決壊し、海水が低地に大量に流入し五三人が犠牲となった。その供養のために御名号堂が建立され、敷地内には犠牲者の招魂碑が建てられ、同じく被害の大きかった三津浜にも「豫州溺死者招魂碑」が建立されている。瀬戸内海で発生が予想される災害の典型として、高潮被害の歴史にも注目しておく必要がある。

松山市三津浜の
「豫州溺死者招魂碑」
（明治17年高潮災害）

　愛媛県内の災害の中でも犠牲者が最も多かったのが一八八九（明治二二）年八月二八日の大水害である。特に別子銅山周辺では甚大な被害が出て、現在の新居浜市内では五一二人が犠牲となり、四国中央市の関川や西条市の加茂川流域でも氾濫により広範囲が浸水した。この明治二二年水害では、愛媛県内全体で八二八人が死亡し、行方不明者も八七人を数えた。この災害での犠牲者を供養、慰霊するための石碑は、新居浜市、四国中央市内の各所で建立されている。

　そして一九四三（昭和一八）年七月に発生した水害は、愛媛県内では二〇世紀最大の災害といわれている。七月二一日から二四日にかけて降雨が続き、この四日間の降雨量は宇和島九四二ミリ、松山五四〇ミリを記録し、これは二〇一八（平成三〇）年七月豪雨の約一・五倍に相当する。重信川の

大洲市米津の地蔵菩薩像
（昭和18年水害）

松前町中川原の「水害復興記念碑」
（昭和18年水害）

決壊や肱川の氾濫により流域の家屋、農地被害が大きく、県内では死者一一四人、行方不明者二〇人を数えた。重信川は松山市、松前町の七ヶ所で堤防が決壊し、約一二五〇〇戸の家屋が浸水した。松前町域はほぼ全域が被害を受けることとなったが、中川原の素鵞神社境内には「水害復興記念碑」が建立され、大惨事からの復興を現在に伝えている。

また、大洲市米津では七月二四日朝に清涼寺裏の山が崩れ、十数棟が埋没、倒壊したり押し流されたりした。集落の目の前を流れる肱川が氾濫したため、住民四七人が高台にある清涼寺の本堂に避難したものの、土砂に飲み込まれることとなり、死者・行方不明者一一人の被害となった。遺族は被災した毎年七月二四日に米津集会所に集まって犠牲者の供養を続けてきた。一九九三（平成四）年の五十回忌には寺跡に慰霊のための地蔵菩薩《じぞうぼさつ》像が建立され、銘板には被害の概要と犠牲者の名前が刻まれている。

今回紹介した伝承碑はごく一部に過ぎず、他にも多くの事例が見られる。防災、減災を考える上で伝承碑の調査、確認、啓発はそれぞれの地域に課せられた課題だといえるだろう。

盆行事と盆棚

盆は盂蘭盆会の行われる旧暦七月一五日を中心とし、現在では月遅れの八月一三～一五日に行われることが多く、故郷に帰省する国民行事ともなっている。柳田国男は盆行事で祭られる精霊を、家々の先祖霊、前年の盆以降に亡くなった家族の霊（新仏）、そして無縁仏（餓鬼）の三種類があると区分したが、これは近年まで踏襲され、民俗儀礼の中での死者霊を考察する一つの基準ともなっている。新仏のある家では八月一日もしくは七日に高灯籠や施餓鬼旗を立てたり、盆灯籠を点したりするなど通常の家よりは早く盆の準備にとりかかる。そして盆灯籠は八月末まで点すことが多く、最後の日をトボシアゲなどという。盆に諸霊を祭るために設けられるのが盆棚（精霊棚）である。盆棚は①室内に特別に作る、②屋外や軒下など戸外に設ける、③臨時の棚は設けずに仏壇を飾り付けて済ませる場合などがある。①は先祖中心に祀るが、その一隅で無縁仏を併せて祀ることも多い。②は先祖を祀る地域と、無縁仏の供養棚としての性格が強い地域があり、また新仏が無縁仏と同様に扱われ、一年から三年までは新仏のための特別な棚を作る所もある。つまり先祖霊は屋内で、新仏、無縁仏は屋

松山市日浦地区の盆棚
（軒下に吊るす）

今治市大西町の盆棚
（庭先に設置する）

西予市野村町阿下の盆棚
（屋内で芭蕉の葉を敷く）

外で祭られ、新仏は死後月日の経ていない荒々しい霊であり、先祖の中には入れられず、無縁仏と同じ扱いをされると解釈されてきた。しかし先祖、新仏、無縁仏を祭る盆棚の形態や設置場所は、それぞれ共通する特徴があるわけではなく、必ずしも先祖は室内で丁重に祀られるべき霊であるわけではない。また兵庫県但馬地方では「先祖のための棚」とされていた庭先の盆棚が地元僧侶の関与により「無縁仏のための棚」へと認識が変化した事例も報告されている。全国的な地域差を見ると、家の縁側や軒下や庭先、あるいは川端、海辺などに盆棚を設ける事例は関東以西に多く分布し、東北には少ないという分布が見られ、これは位牌と仏壇が江戸時代中期に一般に浸透する以前の習俗分布によるものとされる。

愛媛県内では、盆には臨時に精霊棚を設けて、先祖や新仏を祀るのが古風とされるが、東予と中予では、新仏を対象として、一年もしくは三年間、家の庭先や軒下に簡易な祭壇を設けることが多い。ところが、南予では新仏だけではなく、座敷などに大きな盆棚を構え、「ホトケサマの青畳」と呼ばれる芭蕉《ばしょう》の葉を敷き、笹竹、そうはぎ、ほうずきなどを使って祭壇を飾り付け、そこに先祖も一緒に位牌を並べて、供物を供えることが多い。中予、東予は盆棚を家の外側に設け、南予は家の内側に設けるという顕著な違いが見られるのである。

死者供養の念仏踊り　―能山踊《のうざんおど》り―

南宇和郡愛南町久良《ひさよし》には愛媛県指定無形民俗文化財の念仏踊り「能山踊り」が継承されている。一五八四（天正一二）年、土佐国の長宗我部元親に破れて落ち延びた御荘《みしょう》の武将・勧修寺《かじゅうじ》権大夫基《ごんのだいぶもと》賢《かた》を慰霊する芸能として始まり、現在は古木庵《こぼくあん》および海浜（現在は魚市場）で上演され、地域住民の新盆供養、先祖供養の踊りとして続いている。毎年八月一日に始まって八月一四日まで続くが、一一日には能山公の木像が御開帳され、一四日には海難者供養や豊漁祈願の踊りも奉納される。基賢の法名「顕徳院殿能山祐賢大居士」にちなみ「能山踊り」と呼ばれている。

円輪になった着流し姿の男性が扇を持ち、太鼓にあわせて裸《はだ》足《し》で踊り、踊りは「ろくじう踊り」「梅の踊り」「恵美須踊り」「網引踊り」などの八庭ある。昔は四八庭あったとも伝えられている。その大半は中世から近世初期以前に流行した歌謡であり、扇を持つ所作も能に似ていることから、県内の獅子舞など多くの民俗芸能よりも発祥が古く、中世的要素を含む芸能として注目されている。

そして、「ろくじう踊り」の歌詞を見てみると、阿弥陀《あみだ》信仰の影響が強いことに気づかされる。「南無阿弥陀　仏の御名を　称《とな》うれば　これも極楽　浄土なりけり」「二つなき　この世は仮の　宿なれば　只一すじに　願いの身の世」「みな人が　法《のり》をたのみて　極楽へ　まゐる姿は　みな仏なる」。このような和讃が歌われ、それぞれの歌詞の前後に「南無阿弥陀」と二度繰り返されるが、愛媛の民俗

能山踊り（北濱一男氏撮影）

芸能に詳しい今村威氏によると、これらの和讃は、鎌倉時代に活躍した伊予国出身で時宗の開祖となった一遍上人の和歌「南無阿弥陀　仏の御名の　いづる息　いらば蓮の　身とぞなるべき」「ひとりただ　ほとけの御名や　たどるらん　をのをのかへる　法の場の人」「阿弥陀仏は　まよひ悟りの道たへて　ただ名にかなふ　いき仏なり」に通じており、中世の時宗の芸能集団の「踊り念仏」の歌と共通すると指摘している。なお、「ろくじう」の呼称は「南無阿弥陀仏」の「六字」や時宗（「時衆」）の古称の「六時衆」の転訛とも考えられ、旋律も主として律音階中心で近世以前に成立した歌謡と判断できる。

派手さのない芸能で人目を惹きつける仮装や所作があるわけではないが、歌詞内容や音階から愛媛県内でも稀少な芸能伝承となっており、今後の継承に向けて、地域内外から注目しておくべき文化遺産といえるだろう。なお、この能山踊りは二〇二二年にユネスコ無形文化遺産に国内四一件が登録された「風流踊《ふりゅうおどり》」に分類され、文化財価値としてはそれらに匹敵するものであることも強調しておきたい。

死者の正月① ―巳午《みんま》・辰巳《たつみ》行事の現代的変容―

死者の埋葬方法は高度経済成長期前後に、土葬が急激に減少して火葬へと移行した。そのため儀礼の中での遺体、遺骨の取り扱い方、葬儀の手順、タイムスケジュールなどさまざまな点に変化をもたらし、葬送、墓制習俗が大きく変容した。これが戦後の葬送・墓制の第一期の変革期である。そして二〇〇〇年以降のここ二〇年で第二期の変革期が訪れている。血縁、地縁、社縁を基盤とした葬送、墓制習俗が無縁化、個別化し、家族葬・直葬という言葉が一般的になってきた。また自宅葬は極端に減り、葬祭場（セレモニーホール）の建設が相次ぎ、それまで血縁、地縁で伝承されてきた葬送、墓制の習俗に関する知恵・知識も、例えば葬儀社からの情報提供によって成り立っている状況になりつつある。そして葬儀の簡素化も著しく進んでいる。この項では、その葬送・墓制習俗のうち愛媛県を中心に四国において伝承されている死者の正月行事「巳正月」と、そこで用いられる注連飾りなどの墓前飾りについて取り上げたい。この習俗に関する現代的変容を遂げる以前の「原型」「原点」を模索する以前に、まずはその概要と、巳正月自体が一九六〇年から一九七〇年前後の第一期変革期と、この二〇年の第二期変革期でどのように変容し、簡素化されているのか、そのような視点で葬送の現代における一側面をは

墓前で餅を藁で焼く（西予市明浜町）

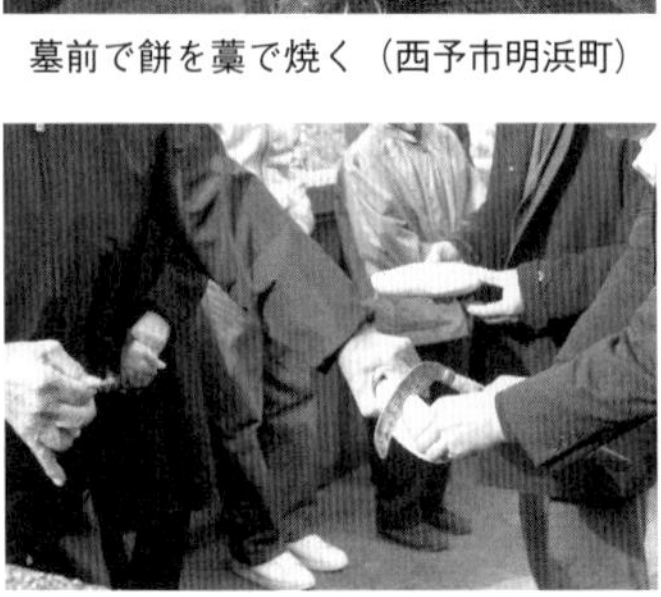

墓前で餅を切る（西予市明浜町）

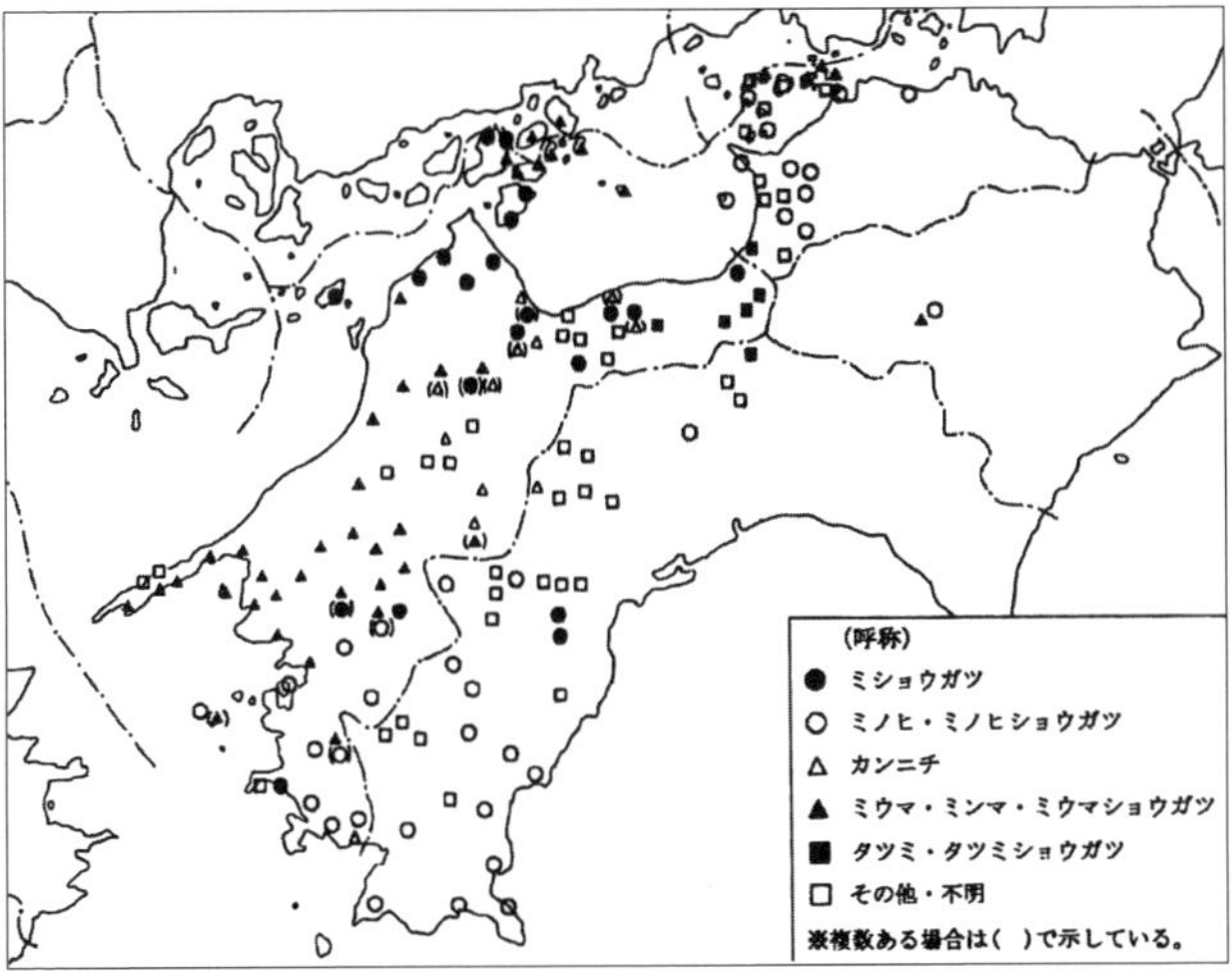

図1　巳正月分布図（筆者作成）

じめに取り上げ、その後に四国の中でも特に愛媛県内の巳正月の墓の設えを紹介したい。

　巳正月とは「仏の正月」ともいわれ、一二月の巳の日に新亡者を出した家が新仏のために行う、正月行事に似た儀礼のことで、四国独特の民俗である。行事内容は、地区や家々によって異なるが、愛媛県内での一般的な内容は次の通りである。①本来は一二月に行われるが、一二月が忙しいからといって、一一月に行うところもある。②自宅に簡単な祭壇を設け、位牌《いはい》を祀り、餅、注連飾り、菓子、果物などを供える。③家族、親族が墓参し、墓前に柿などの木枝を二本立て、注連縄を張り、餅、蜜柑《みかん》や干柿などを供える。注連縄は正月とは逆綯《な》いのものを使う。④墓前にて、死者の身の近い者が餅を焼いて、それを後ろ手に持ち、鎌で切るなどして、墓参者に配って食べる、といった内容である。呼称は、巳正月（ミショウガツ）、巳午（ミウマ・ミンマ）、辰巳（タツミ）、坎日（カンニチ）など様々であるが（図1、巳正月分布図参照）、十二支の巳の日を中心に行われる新仏の正月行事であることから、本稿では「巳正月」の呼称を中心に用いることとする。

さて、都市部である愛媛県松山地方では巳午（ミンマ）と呼ぶのが一般的であるが、葬儀社が積極的に関与しているのが特徴である。一つ目に「みんまセット」の販売がある。松山市内の大手葬儀社では既に一九七〇年代には販売していたという。杖、草履、注連縄の三点セットで販売されている。注連縄は、実際の正月のものとは逆綯いであり、山草（ウラジロ）も白い部分を通常は表にするが、このセットの注連縄では逆に緑面を表としている。この「みんまセット」は、年間三〇〇〇個販売されるという。この葬儀社では年間約五〇〇〇組の葬儀を行っており、約六割が購入していることになる。残りの四割は巳午行事を行わない家と、行うもののセットを必要とせず自前で準備できる家ということになる。ここからの推測であるが、松山地方では約八割は巳午を行っていると、おおまかな推計ができる。興味深いのは「みんまセット」の販売数が毎年同じような状況であり、ここ一〇年、二〇年で、行事を行う家が少なくなっているという状況にはないということである。こ

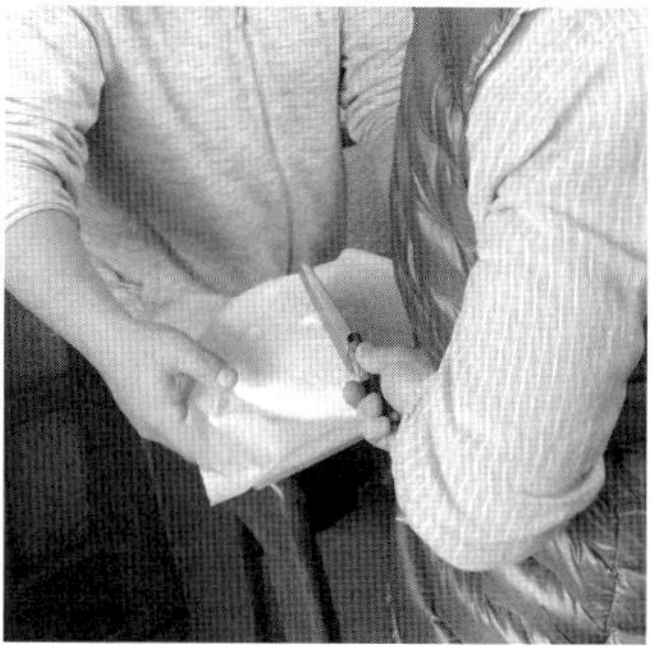
後ろ手に巳午餅を切る（西予市宇和町）

の葬儀社によると、「葬儀や年忌供養などは合理化、簡素化されているが、友引と巳午は、不思議と変化がない」という。

巳正月（巳午）と葬儀社の関わりの二点目は、巳正月（巳午）の案内である。葬儀が終わったあと、葬儀社では「ご葬儀後のしおり」という各種手続きや、法事の予定、意味などを記した冊子を喪主に配っている。その中に「みんまセット」の案内チラシと、年間スケジュールとして盆や彼岸、そして一二月巳の日に巳午を行うことが明記されており、親族にとっては、これが巳午を行う（行わざるをえない）動機付けとなっている。

なお、巳午の実施日時であるが、愛媛県内全体を見渡すと、中予・南予では、巳の日から午の日にかけて行い、巳の日の夜に近親者が墓参し、午の日の明け方までに（カラスの鳴かないうちに）行うというのが一般的なスケジュールである。東予地方では、辰巳（タツミ）ともいうが、辰と巳の日に行うところが多い。また、近年では、一二月巳の日に近い週末に行う家も増えてきている。松山地方では現在「巳の日の午の刻」ということで、巳の日の午前一二時前後に行うところが多い。実際に、葬儀社が作成している「みんまセット」の案内チラシにも、そのことが書かれている。なお、松山地方でもかつては巳と

「みんまセット」

午の日に行っていたが、夜に近親者が集まって墓参するよりも、昼に行うようになり、現在のような「巳の日、午の刻」が広まったという。この「巳の日、午の刻」については、この約四〇年間にわたる「みんまセット」の販売（説明チラシ付き）により、広く普及したものと推測できる。

さて、葬送が合理化・簡素化されている現代で「友引と巳午は不思議と変化がない」の言葉は本当であろうか。友引に葬儀・告別式を行わない例が多いのは、参列者が「友引」の畏怖・恐怖を覚えるというように、喪主・親族が感じて配慮するために変化がない。「煩わしい」他者との関係をさらに混乱させることを回避させるために変化がないのだろう。巳正月を行わない場合では、例えば死者に他界で不都合が生じるという伝承が希薄であり、残された家族・親族に不幸や祟りが訪れるという伝承も希薄である。また、現在行われる松山地方の巳午行事に、特に霊魂を扱う儀礼が顕著にあるわけでもない。巳正月は、畏怖・恐怖といった行事が継続される強制力が決して強いとはいえないので、合理化、簡素化や消滅の可能性が高いと思ってしまうのだが、そうではなく「変化がない」という。

実はこれは「変化がない」のではなく、巳正月が親族儀礼として血縁に特化して行われる傾向が強くなっており、地縁や知人などの「煩わしい」関係を極力避けやすいことに起因している。このように、葬送は現代において大きく変容しているものの、巳正月のように表面上変化を受けにくい習俗もあり、その違いの背景は、血縁、地縁といった人間関係の在り方とその変化にあるといえる。

さて、このように巳正月が葬儀社との関係の中で行事が継続していることを見てきたが、もう一つ、行事の伝承を支える事象がある。それはマニュアル本の出版・流通である。愛媛県内では、『えひめの冠婚葬祭』（えひめリビング新聞社刊）が出版され、一九九二年の初版から改訂されながら、第一〇版を超えるベストセラー本として愛媛県内の各書店に流通していた（現在の発行は未定）。その中に巳正月が紹介されている。これは初版ではページ内の一部のコラムとして取り上げられていた程度であったが、改訂の際にページ全体で紹介されることもあった。墓前の道具についても「松山地方で巳午に準備する杖、草履、しめ飾り（葬儀社や仏具店で販売している）。地域によって異なるが、この他にみんま餅（餅屋で注文に応じてくれる）などそろえる」と、写真入りで掲載されている。

このような地域差の著しい伝承行事の内容が出版され、マニュアル化されることは、その年に巳正月行事を実施しなければならない家にとっては参考にしやすく、また、松山地方は特にこの本に掲載されているとおりの「伝統行事」となっている印象が強い。なお、余談ではあるが、毎年一一月、一二月になると、私が勤務する愛媛県歴史文化博物館には、電話・メールで「巳正月の正しい行い方を教えてほしい」「いつやればよいのか」「どのようにやるのか」といった問い合わせが必ず来る。これは年々増加している。要因は、博物館や筆者個人のホームページにて巳正月に関する記事を執筆、紹介しているため、インターネットで検索してヒットし、そして問い合わせるというケースが多い。また個人だけではなく、葬儀社や寺院からも「本来どういうものなのか」といった問い合わせが多いことにも驚いている。

死者の正月② ―生活改善と巳午・辰巳行事―

民俗・民具の現代的変容を考える上で欠かせないのが生活改善運動である。巳正月のうち頻繁に生活改善の対象となっているのは餅の贈答である。古くは川之石町（現八幡浜市保内町）にて大正一一年一〇月一日付で「消費節約に関する申合事項」（八幡浜市保内町・本町集会所保管文書）が決められており、新年、年末、中元などの贈物は特別な事情がある他は廃止することや、盆灯篭《ぼんとうろう》は金三円以内の簡易なものを用いることなど、年中行事や人生儀礼における様々な贈答行為の簡略化を申し合わせている。その中に「一、巳午の餅を廃すること」とあり、巳正月における餅の贈答行為が生活改善の対象に挙げられている。しかし、当地で餅の贈答はなくなったわけではない。昭和以降も生活改善運動の中で、巳正月は取り上げられてきた。

現在でも、西予市明浜町狩江地区では、毎年の生活改善運動の申し合わせの中で巳正月が取り上げられている。狩江地区生活運動推進協議会（事務局が狩江公民館）により「狩江地区葬儀改善心得」（一九九〇年施行）が明文化されており、毎年一一月中旬に「生活運動（巳午）打ち合せ会」が開催される。この会にはその年に亡くなった者がいる家族（つまりその翌月に巳午行事を実施する家）一名が出席し、地区内での申し合わせをしている。会では公民館主事が巳午に関する説明（『愛媛県大百科事典』の記述をもとに解説）を行い、その年の巳の日を提示する。そして筆者が調査した二〇一〇年の場合、餅は自宅でつき、ついた日に正五合を重ね餅にして寺に供えることや、御霊供代は一〇〇〇円、御布施は一五〇〇〇円、仕出しは三〇〇〇円以内とし、餅配りはせず、膳にもつけない。招待者の御包みは廃止し、招待者はできるだけ小範囲とし、簡素に行う。以上のことが申し合わされた。そして、その会には地元寺院の僧侶も出席し、会が終了した後に、それぞれの家と僧侶の都合を調整して、翌月の巳午の実施日程を相談している。

現在でもこのような巳正月の生活改善での会合を実施している地区は、他には見られないようだが、一九六五年頃の生活改善運動と巳正月について、明浜町高山地区（現西予市）の事例を紹介しておきたい。

高山地区では一二月第一の巳午の日に行う。二つ隣の田之浜地区では毎年一一月の「亥の子」が終わった次の巳午の日。その次の巳午に隣の宮野浦地区で行い、その次の巳午が高山地区となる。このように明浜町内では同じ巳午の日といっても地区ごとに日を変えながら行っている。これらの地区は多くが高山にある金剛寺の檀家《だんか》であり、ここでは寺院でその年の死者の家族・親族が一堂に会して、本堂の中に位牌を並べて法要が行われる。その関係で地区ごとに日を分けるようになったという。高山地区と同じ明浜町内でも檀那寺《だんなでら》の異なる狩江地区では僧侶が家々に行って自宅の祭壇で読経するが、高山では巳の日の午前一〇時と一一時の二回に分けて法要を行う。その法要までに各家々の者は墓参して、墓で餅を焼いたり、切って食べたりする儀礼を行う。そして寺院での法要が終了すると、家にもどって遺影、位牌を置いて墓前と同じ注連飾りをした祭壇の前で、家族や近親者でお膳を囲んで飲食をする。ただし、金剛寺の檀家のうち宮野浦地区の者だけは、墓参は午前一〇時頃ではなく、カラスが鳴く前に行うものだと言い、現在でも早朝に行っている。

高山では寺院での法要のために、位牌を本堂に並べるが、その前に御霊供膳を置く。一九六〇年代以前は、その膳を親族がめいめいに置くように檀那寺の金剛寺に頼んでいた。寺側が位牌を出すが、現在では膳は一つだけということになっている。以前は親族がそれぞれ頼むので数が多かったのだが、家によって多いところと少ないところが出てきた。それでは困るということで、生活改善運動の一環として御霊供膳の慣習を直したほうがよいということになった。巳の日の朝に御霊供膳を置くが、御霊供は寺院側で準備し、親戚ごとにいくつも準備していた。そして誰が供えたかが分かるように御霊供膳の前面に名札を貼っておいた。名前をつけると家ごとに差が出るのが明確になる。これが一九六五年頃に生活改善の対象となり、婦人会や公民館などが省略した方がいいのではないかと提案し、現在では寺側でも必ず御霊供膳は一つとすることになった。

なお、生活改善以前の複数の御霊供膳は、本膳とつけ膳に分けられていた。喪主が供えるのが本膳、それ以外がつけ膳であり、本膳では長方形の焼き豆腐が一つであったが、つけ膳では半分、しかも斜めに切って区別をしていた。あとの御霊具の内容は同じだった。ただ巳午は同じ地区で同じ日に行うので、皆が競争して華美になったので、つけ膳はやめるようになった。ただし、つけ膳自体は他の年忌供養ではまだ行っている。

以上のように、巳正月行事は一九六五年頃の生活改善運動の一環で変容しているが、これは同時期に葬送が土葬から火葬へと変化する時期とほぼ同じであり、残された遺族、親族と死者の関わりの転換期ゆえに変容しやすかったという側面もあるだろう。

死者の正月③ ―巳午・辰巳行事での墓の設え―

巳正月では家族、親族が墓参し、墓前に柿などの木枝を二本立て、注連縄を張り、餅、みかんや干柿などを供える。注連縄は正月とは逆綯いのものを使うと紹介したが、この項では墓前の飾り物について具体的に取り上げる。もともと巳正月飾りは自家で準備するもので、当然、商品として購入するものではなかった。しかし、先に紹介した松山市の「みんまセット」が普及し、それ以外にも大洲市東大洲にある産直市「愛たい菜」では「みうまかざり（巳午飾り）」が三三〇円（二〇一〇年時点）で販売されているなど、購入するケースも増えてきている。ここで、愛媛県内で家・地域で伝承されてきた巳正月飾りの事例を主に紹介したい。販売されている大洲の場合、山草はウラジロの白い部分が裏で正月飾りとは逆である。注連飾りの足はすべて藁二本の六垂となっている。通常、足は七・五・三の三か所の垂れであるが、巳正月飾りは実際の正月とは異なる本数としなければいけないという伝承があるところが多い。例えば西条市大浜では、墓前に何の木でもよいが二本を突き刺し、注連飾りをする。注連飾りの足は左から二・二・四とする。また、西条市氷見《ひみ》では、注連飾りには御幣はつけずに、足は偶数とする。丹原町（現西条市）では、門松、注連飾りをするが、左綯いで足は一・五・三とする。岩城村（現上島町）では、注連飾りは四・二・二・五とする。八幡浜市大島では、注連縄の足は四本とする。瀬戸町川之浜（現伊方町）では、門松の代わりに柿の木を立て、注連は正月とは逆綯いで、中央に藁一本を垂らす。明浜町高山（現西予市）では、正面から見て足は一・五・三とする。北宇和郡御槇《みまき》（現宇和島市津島町）では、注連縄の足は五・五・三とする。以上のように、足の本数は様々であるが、共通点としては、正月飾りが七・五・三の奇数なので、それと異なる偶数とするという場合が多いことである。また、奇数でも七・五・三とは異なる本数とするという特徴がある。

　正月の注連縄に飾るものとして山草、橙《だいだい》が一般的であるが、巳正月飾りでは、松山市の「みんまセット」もそうであったように、ウラジロは逆面にして、橙は使わずに温州《うんしゅう》蜜柑《みかん》を使うというところが多い。西条市禎瑞のように山草、橙のついた注連縄といった正月飾りと変わらない事例もある

産直市販売のみうまかざり（大洲市）

が、東予市（現西条市）では、墓前に松一対と注連縄を飾る。右綯いで橙の代わりに蜜柑を用いる。このように橙を用いずに蜜柑を使うのは、季節的に温州蜜柑が最も出回っていることもあろうが、橙が「代々（ダイダイ）」との語呂合わせで、家が代々栄えるというごく一般的な伝承を、死者儀礼である巳正月では嫌って、その代わりとして単に形状が似ている温州蜜柑を使ったのであろう。瀬戸町三机（現伊方町）では、ウラジロの代わりに裏の白くない単なるシダをつけ、橙の代わりにヤブコウジを使うという事例もある。

次に、墓前の注連飾りを張るのに用いられる木であるが、松ではなく柿や栗が使われることが多い。西条市黒瀬では墓前に小松二本を立てるというように松を使う事例も多いが、魚島村（現上島町）では、後産処理所から根引きの小松二本を採り、墓前に立て、注連を張る。鏡餅は大きい方を上にして、干し柿一個を供えるというように、通常の松を使うわけではない事例もある。後産の処理場は墓地の近くにある場合が多いが、そこから松を枝で伐るのではなく、根引きとすることも正月の松とは異なるものとする意識が見られる。また、後産処理場は一種の生死の境界領域であり、その松を使うことは生者による死者儀礼を象徴していると見ることもできる。

柳谷村《やなだに》（現久万高原町）では、松の代わりに柿の木二本を立て、注連縄と山草を飾る。このように松ではなく柿の木を用いる地域が、現在の愛媛県山間部だけではなく南予地方にも多く見られる。中山町（現伊予市）では、栗の木を一対立て、さらに栗の木を横に渡し、山草や蜜柑をつけた注連縄をかける。

その他、竹笹を使い、それに飾り物をする事例も越智郡島嶼《とうしょ》部や愛南町に見られる。上浦町（現今治市）では、笹や風船をつける。弓削町（現上島町）でも、竹笹に色紙や天丸（鞠《まり》）を飾る。内海村網代（現愛南町）では、七・五・三の足の注連縄に、ウラジロ、蜜柑をつけ、山柿の木に張る。また、笹竹に弓、ほうずき、手鞠、風船などを飾る。内海村魚神山《ながみやま》（現愛南町）では、七・五・三の足の注連縄に、笹竹に弓、風船、男性ならタオル（もとは手拭い）、女性なら手鞠を飾る。この弓削、上浦といった越智郡島嶼部（しまなみ海道）の広島県寄りの地域と、愛媛では最も西南部で高知県に近い愛南町地域という県内でも距離的にかけはなれた地域に同様の事例が見られるが、その中間域には見られないのも興味深い。竹笹に飾るのは、通常の正月で用いる松をあえて使わないためであり、同時に竹笹が七夕や盆といった死者に関する年中行事の中で用いられていることから、同様の死者儀礼である巳正月でも使われているのではないだろうか。また、一本松町（現愛南町）では、墓の両脇に松を立てて注連縄を張り、弓、巾着《きんちゃく》、手拭いを吊るした竹笹を飾るといい、御荘町菊川《きくがわ》（現愛南町）ではこれらの飾り物は、子どもが喜んでもらうといったり、風船などを人びとに配ったりするという。

最後にごく近年の墓前での巳正月飾りの状況をここで紹介しておきたい。まずは、愛媛県でも東部（東予地方）の新居浜市平尾霊園（観音原地区）である。ここは平成に入って開設された新居浜市営

新居浜市平尾霊園

の霊園墓地で、一区画三・三平方メートル、石塔は霊園全体で統一されている。愛媛県内で一般的な縦長・長方形で、御影石の代々墓ではなく、横型で、この霊園統一規格の墓石である。この平尾霊園に墓を建てる家は、先祖代々の歴代墓地には入らない単家族が多い傾向がある。そのため巳正月（当地では辰巳・タツミと呼ぶ）のような伝承は希薄となりがちとも思えるが、巳正月飾りをする墓は他の寺院墓地や集落墓地と比較しても少なくはない。ここでの巳正月飾りは両脇に松の枝を立てて注連縄を張る。足は正面左から三・二・四本となっている。温州蜜柑を用い、山草のウラジロは緑の部分が表で白が裏となっていて、正月飾りとは違えている。なお、この平尾霊園には二〇一〇年四月に市営の合葬墓（合葬式の屋内の納骨堂）が完成している。この年の状況を管理者に聞くと、辰巳の日に家族・親族によって注連飾りはしない（できない）し、餅を焼いたり、切ったりして分配はしなかった。ここに墓参して花と供物を置き、線香を上げていくだけという家が多かったというが、今後、合葬墓での巳正月の執行がどのように変化していくのだろうか。

次に愛媛県中央部（中予地方）の砥部町大南《おおみなみ》の事例である。ここは松山市近郊であり、この周辺の巳正月飾りは画一化されている。先に述べた「みんまセット」のように葬儀社などから購入し、それを使用している。このセットは簡易に設置できるように杖、笠、注連縄が括られているため、「飾る」というよりは墓石の前に「置く」ような形となっている。なお、同じ砥部町でも峠越えして松山市から距離のある旧広田村満穂では、松山近郊のような商品化・セット化されたものではない。両脇に松と笹を立てて注連を張り、山草は正月とは逆で緑が表で裏が白となるように飾っている。蜜柑と干し柿が吊るされるが、足は二・二である。

次に愛媛県の南西部（南予地方）を見ていきたい。まず内子町中川（旧小田町）では、Y字型の柿の木を二本立てており、注連縄を張るが足はない。葉付きの温州蜜柑に山草は緑が表、白が裏となっている。足については、近隣の墓地では、足二本・六垂れの注連縄があり、偶数を強調した本数となっている。また、内子町内

内子町内子

砥部町大南

西予市野村町野村

子では二本の柿の木を立て、横木にも柿を一本渡している。山草はウラジロではなく、地元でオオシダと呼ばれる正月飾りで用いるものとは別種のシダを使っている。表面は緑である。西予市野村町野村では、松に注連縄を張り、ウラジロは正月飾りと同じく白が表となっている。足は正面左から五・五・三本であり、その点が正月飾りとは異なっている。南予地方は葬儀社での積極的なセット販売は見られないが、先にも述べたように大洲市では産直市にて「みうまかざり」が販売されているように、セット化・画一化はされていないまでも、購入して飾るという事例が今後増えてくることも予想される。

死者の正月④ ―巳午・辰巳行事の今後―

先項まで四国、特に愛媛県内における巳正月行事の変容と現在の状況を紹介してきた。現代的変容では、一九六〇年代の生活改善運動や、近年の葬儀社の関与の影響が強いことは明白である。葬儀社の関与については地域差があり、愛媛県内では松山市周辺でその傾向が特に強く、画一化した商品・

セットが普及・浸透している。一九六五年頃の生活改善運動で見られた華美を控える行事の簡素化とはまた別の意味での簡素化が見られる。しかしそれは商品化による飾りの簡素化というより、むしろ利便化といった方がよいかもしれない。簡素化によって行事が衰退するのではなく、利便化によって巳正月行事は都市化され、家・地域で受け継がれてきた知恵・知識・経験・技術の継承が希薄になってきた場合においても継続できる環境が整備されているのである。これは現在、愛媛県内における地域差として見られるが、これはまた変容の時代差と捉えることも可能で、今後の他地域での変容の在り方を観察する一つの指標となりうる。

巳正月自体は家・親族の行事であり、「地縁の眼」が強烈なわけではなく、行事の伝承の強制力は比較的弱いものであり、現代的変容を受けやすいともいえる。そして現在、都市部を中心に主体が血縁行事として特化されている傾向が見られることを指摘した。そして行事の伝承の在り方を見てみると、葬儀社からの情報、そして現在、血縁・地縁と乖離《かいり》し、マニュアル化した出版物からの情報やインターネットなどでのクラウド型情報の存在が、変容をもたらしつつも、行事の継続の契機になっていることは興味深いといえるのではないか。「地縁の眼」「世間の眼」という強制力が弱く、血縁行事で簡潔していれば、情報収集先は文字情報、クラウド型情報に向かうのは必然である。

また、伝承の強制力は弱いといいつつも、逆に現代において死者儀礼（死者との向き合い方）がマニュアル化されることは、伝承の強制力の強化につながっていると見ることもできる。そしてこの状況を「伝承」の表現で括るのが適当なのか。その点さえも検討すべき課題と言えるのではないだろうか。

なお、巳正月（巳午・辰巳行事）については、以下の参考文献があるので列挙しておく。近藤直也「仏の正月―徳島県一宇村における所謂ミウマゴシについて―」（『近畿民俗』一四六・一四七号、一九九七年）、同「外道から祖先神へ―簾の向う側からのまなざし―」（『近畿民俗』一四八・一四九号、一九九七年）、同「『死人の正月』の発見―愛媛県新宮村に於けるタツミの意味ないし墓前の設備などについて―」（『徳島地域文化研究』第一号、二〇〇三年）、同「魔または聖なる時空としてのタツミ―愛媛県新宮村における新仏の正月の事例（タツの夕方から墓へ行く直前までの詳細）から」（『徳島地域文化研究』二号、二〇〇四年）、同「ミノヒ雑煮とタツミの餅配り―愛媛県旧新宮村における死穢浄化という『死人の正月』の深層―」（『九州工業大学情報工学部紀要〈人間科学篇〉』第二一号、二〇〇八年）、大本敬久「『巳正月』研究の論点と課題」（『四国民俗』三二号、一九九九年）、大本敬久「死者の正月―巳正月の現代的変容と墓の設え―」（神奈川大学常民文化研究所編『民具マンスリー』四四―七、二〇一一年）。

閻魔《えんま》と地獄

毎年、旧暦一月一六日の前後三日間、宇和島市丸穂にある臨済宗妙心寺派の西江寺《せいごうじ》では「えんま祭」が行われる。本堂内に宇和島出身の芸術家・村上天心（一八七七〜一九五三年）が描いた巨大な閻魔図や、寺に伝わる地獄極楽絵図などが飾られ、多くの参詣者が訪れる。

閻魔信仰では、亡くなった者は、あの世でまず閻魔の前で裁きを受けるとされる。閻魔の手元には亡者の生前の行いを記した帳面である「閻魔帳」があり、また傍らにある「浄玻璃《じょうはり》の鏡」に生前の行動が映し出され、それらをもとに、閻魔は、亡者が六道（地獄・餓鬼・畜生・修羅・人間・天）のどの世界に行くのかを決めるとされる。

全国的に閻魔の縁日は一月一六日とされ、民俗事例でみると「仏の正月」または「地獄の釜のふたがあく日」とされるものの、その根拠は仏教学の大著である『望月仏教辞典』や『大正新脩大蔵経』を見ても確認できず、インド・中国伝来の仏教知識の上に成立したものではない。日本独自の文化である。

日本独自とはいうものの、閻魔信仰が広まるのは鎌倉時代以降である。平安時代の九八五（寛和元）年に源信が『往生要集』を著して以降、地獄、極楽の浄土思想が普及し、平安時代末期に末法思想が隆盛したことで、さらに地獄思想が広く定着した。その中で信仰の対象として地蔵菩薩が注目されていく。鎌倉時代になると『仏説地蔵菩薩発心因縁十王経』が広まり、そこでは閻魔と地蔵が一体のもの（閻魔の本地仏が地蔵）であると説かれ、閻魔の信仰が確立されていく。

全国的に見て一月一六日を閻魔の縁日として、多くの寺院で閻魔堂を開帳するようになったのは、江戸時代中期以降であり、それ以前には一月一六日を閻魔の縁日とする史料は見つけることができない。江戸時代から明治、大正に隆盛し、全国各地の寺院に閻魔堂が建立され、閻魔が民衆化していくことになるが、その多くは農村部よりは人口の集住する城下、都市部であった。西江寺は室町時代からの古刹であり、宇和島藩の城下町建設により、宇和島城の鬼門に当たる現在地に移転され、藩主伊達家の崇敬も篤かった寺院である。宇和島城下町の発展とともに、「えんま祭」も城下町の住民にとって、春を告げる風物詩として賑《にぎ》やかになっていったのだろう。

遍路墓と供養

四国八十八箇所の霊場を巡る「お遍路」は現在では外国人遍路も多くなり、日本を代表する巡礼地となっている。一九五〇年代からはバスツアーや自動車による巡拝者が多くなったが、それ以前の遍路は厳しい修行の旅であり、危険や死と隣り合わせでもあった。よく遍路の白衣装束は「死に装束」と言われ、手に持つ金剛杖は卒塔婆の代わり、そして菅笠には「迷故三界城、悟故十方空、本来無東西、何処有南北」という葬儀、埋葬で用いられる文言が記されている。厳しい旅の末に途中で行き倒れてしまう遍路も多く、その場合は、地元の人によって埋葬され「遍路墓」と呼ばれ、筆者の調査では現在、四国四県で五〇〇基以上の遍路墓を確認している。

地域での対応としては、高知県幡多郡三原村の場合、二、三人の出役で小屋を作って、そこで病気の遍路を休ませた。元気になるまでの間、各家が順番で握り飯など食事を用意して小屋へ持って行く「マワリヤシナイ」という習慣があった。元気になって帰った人もあったが、多くの場合、小屋で死去した。そうなると二人から三人の出役で埋葬したという(高知県教育委員会編『高知県歴史の道調査報告書第二集ヘンロ道』二〇一〇年)。愛媛県内では美川村(現久万高原町)でも病気などで遍路を続けることが困難になった者が入ってきたとき、住民たちは道端に小屋がけして、交替で養っていく。一軒が一日米二合を出しあって「マワリヤシナイ」をする。村のすべての者に一回りする期間、生存していた者は、ほとんどいなかったという(『美川の歴史と民俗』美川村教育委員会、二〇〇一年)。

行き倒れた遍路の供養で現在も続いている事例もある。西予市野村町惣川《そうがわ》は四国八十八箇所の霊場を結ぶ遍路道からは離れた山地に位置し、現在では遍路が歩いて通過することはほぼないが、一九五〇年頃までは遍路が歩いて通過していた。この惣川の寺組にある大師堂において毎年八月二一日を「お大師様の縁日」といって地元の住民が当番で、自家製の釜炒《かまい》り番茶、赤飯などを地元の者や通行人に接待し、この行事は現在でも続いている。大師堂前では念仏踊も奉納され、地区内の安穏を祈願するとともに、地元に残る「念仏台帳」を確認すると、踊の奉納目的が「遍路供養」とも記されている。そして大師堂前に一七一三年建立の遍路供養塔があり。その石塔を回るように念仏踊が行われる。一八世紀前半にこの惣川を訪れた遍路が死亡して建立され、念仏踊もその行き倒れた遍路の供養の目的もあったと考えられる。惣川には、別に遍路を供養する堂があり、地元では「へんどくえお堂」と呼ばれている。「くえ」とは供養の意味で、遍路供養堂ということになる。そこには一八〇四年建立の石造地蔵菩薩立像が祀られており、その石仏前面に「菅生山迄八リ 右へんろ道、文化元子十月廿一日、施主 与三へ」と刻まれている。これは遍路道標としての機能も持っており、江戸時代に惣川を歩く遍路がいたことを証明することができる。霊場と霊場を結ぶ遍路道から外れた地域にも、四国遍路に関する文化が定着している事例は多く、四国遍路を単なる「道文化」としてとらえるだけではなく、四国全体を面としてとらえて、各所に残る遍路文化の存在を確認していく必要はあるだろう。

また、現在の西予市宇和町岩木の笠置峠（国史跡「伊予遍路道 八幡浜街道笠置峠越」として指定）は、九州から来た遍路が四十三番明石寺で結願して八幡浜へ行く際の峠道である。この笠置峠には現在でも遍路墓が祀られているが、その内の一基は、一九〇五年に新潟県からの父と娘の遍路が岩木を訪れたものの、一四歳の娘が難病で、個人宅の納屋で休ませるも死亡してしまった。その娘の墓である。死亡後、住民は勝光寺裏山に埋葬したが、昭和に入ってからも遺族とは付き合いがあり、山中で一人では淋しいだろうということで、他にも遍路墓が祀られている笠置峠に改葬した。埋葬した家では代々、現在でも供養を続けている。

四国遍路の「お接待」「善根宿《ぜんこんやど》」と先祖供養

四国遍路の世界遺産登録に向けて取り組むべき課題となっている「顕著な普遍的価値」を証明するためには、史跡、名勝、建造物などの文化財の保護措置を講じた上で、四国遍路が今なお継承されるLiving Culture（生きた文化）としての巡礼の代表例であり、地域と共存した文化遺産であることを示していく必要がある。そのために、世代を超えて現在まで継承された民俗文化の視点でも四国遍路の特徴を明確にすることが求められる。そこで今回は四国遍路に関連する民俗文化、特に「写し霊場」と「お接待」の事例を取り上げてみたい。

日本国内の巡礼で地域に根ざして実施される「お接待」の事例は稀となっており、現代では四国遍路特有の慣習ともなっている。住民が遍路に食べ物や金銭を施すことで、遍路にとっては長距離の旅が保障されると同時に、住民にとっては弘法大師への信仰や家の先祖供養、現世利益につながるという「利益」の側面がある。また、「善根宿」の慣習も四国では今なお継承されている民俗文化であり、一般の民家などに遍路を無料で宿泊させることで先祖供養につながり、自ら四国遍路を行うのと同じ功徳があるとされる。

「お接待」「善根宿」が見られるのは四国八十八箇所の遍路道沿いだけではなく、写し霊場である「地四国」（「新四国」や「島四国」とも呼ばれる）でも盛んに行われている。中でも瀬戸内海の今治市沖の大島（愛媛県今治市吉海《よしうみ》町、宮窪《みやくぼ》町）の島四国で「お接待」が今なお盛んである。

大島の島四国は「へんろ市」とも呼ばれ、旧暦三月一九日から二一日に近い土・日・月曜日に開催される。愛媛をはじめ愛知や大阪からの巡拝者も多い。開創年は一八〇七年で、大島の医師・毛利玄得、山伏・金剛院玄空、津倉村庄屋・池田重太が中心になって創設された。行程は約六三キロメートルで、田浦《たのうら》の正覚庵《しょうかくあん》を一番札所として、そこから島を一周し濃潮庵《のうちょうあん》が八十八番となっている。

島四国では、地域の年中行事として、住民が当番で握り飯、茶、菓子を遍路に対して「お接待」する慣習が継承され、また、遍路を無料で宿泊させる「善根宿」の習俗が、しまなみ海

今治市大島の島四国

島四国での「お接待」（今治市宮窪町）

道が開通した一九九九年頃まで盛んに行われていた。島四国を訪れる人数などについては、古いデータになるが一九八〇年に吉海町観光協会が調査をしており、来島者は約二五〇〇人で、そのうち吉海町内での宿泊者は一八〇六人、約七〇〇人が日帰り、もしくは宮窪町での宿泊と考えられる。吉海町内での宿泊者のうち旅館を利用したのは二四〇人で、一五五〇人ほどが「善根宿」を利用したと推定できる。

吉海町仁江《にえ》の平田集落では島四国の際に、地域行事として二つのお堂で遍路に対してお菓子や茶の「お接待」を行っている。五軒単位で当番が回ってくるが、お堂が二つあるので毎年一〇軒が当番にあたる。現在、約三〇軒で回しており三年に一回、当番が回ってくる。「お接待」は個人主体の発意や信仰によって支えられる側面もあるが、毎年、実施されるのは地域の中で年中行事化し、輪番で担うという仕組みが存在することで、「お接待」が継承されてきたといえる。個人の信仰に加えて、地域内で儀礼化された行為だといえるだろう。

また、仁江では一九六〇～七〇年代は「善根宿」が特に盛んだった。吉海町内には宿泊施設が少ないので、多くの遍路が宿を求めた。遍路が宿泊できるように増築し、数十人の遍路を泊めていた家もあった。親子で毎年来る者もいて、高齢で来られなくなったり亡くなったりしても、子どもが引き継いで宿泊することもある。宿泊した遍路とは交流が続き、毎年泊まる者もいるので「お遍路さんは親戚みたいなもん」だという。

宿に着くと杖《つえ》をきれいに洗い、杖を床の間へ大事に飾る者もいて、「お杖はお大師さんだ」ということで大切にした。そして風呂に入り終わると仏壇の前でホトケサンを拝む。拝むのは先祖供養のためでもあり、自身の健康祈願のためでもあり、家の者にとってはありがたいものである。夕食、たまには宴会が終わってから、布団を敷いて就寝する。朝、遍路に朝食を出すが、遍路は再度仏壇で拝んで、出発する。遍路は心付けを仏壇に置いていくが、金額に決まりはなく、各々違っていた。宿泊させてもらった御礼のお供えであった。

大島の島四国の「お接待」や「善根宿」は対価を求めるサービス行為ではなくホスピタリティ（歓待）行為である。ホスピタリティの文化は、慈悲のもと、完全に無償で施す行為とは限らず、「善根宿」では宿泊した遍路が家の先祖を供養したり、家の者の健康祈願を行うなど互酬性が見られる点は注目すべきである。宿

島四国での「善根宿」（今治市宮窪町）

泊後も遍路と交流が続くなど、遍路は単によそからやってくる外部的存在ではない。家や個人の安寧を得るために、住民側が遍路文化を内部化していったと見ることもできる。これこそ、地域と共存するLiving Culture（生きた文化）といえるだろう。

「異界」としての四国 ―長増遁世譚《とんせいたん》より―

平安時代末期成立の『今昔物語集』巻第一五の「比叡山僧長増往生語第十五」に、比叡山僧の長増が四国に退隠流浪し、たまたま伊予国で再会した弟子清尋《じょうじん》供奉の慰留も退けて終生乞食《こつじき》修行を続けて往生を遂げたという話がある。内容は次のとおりである。今は昔、比叡山の東塔に長増という僧がいた（長増は九六〇〈天徳四〉年に律師に任じられた東大寺戒壇和尚名祐〈明祐〉の弟子である）。ある時、長増は僧房を出て厠《かわや》に行ったきり、自分の数珠や袈裟、経文などを残したまま行方をくらましてしまう。その後、数十年が経過したが、ついに行方はわからなかった。長増の弟子清尋供奉は六〇歳程になったころ、伊予守として任国に下った藤原知章に伴って伊予国に着いた。清尋は藤原知章の庇護のもと修法を行い、伊予国内の人々も清尋を敬った。ある日のこと、清尋の僧房の前に立ててある切懸塀《きりかけべい》の外に一人の老法師がいた。その格好は腰蓑《こしみの》を着けて「濯ギケム世モ不知ズ朽タルヲ二ツ許着タルニヤ有ラム、藁沓ヲ片足ニ履テ竹ノ杖ヲ築テ」という門付け乞食の姿であった。僧房の宿直をしていた土地の人がその老法師を大声で罵って追い払う。その叫び声を聞いて清尋が障子を開けて乞食に近寄って、笠を脱いだその顔を見れば、老法師は比叡山にて厠に行ったまま行方不明になっていた長増であった。清尋が問い尋ねると、長増は「我レ、山ニテ厠ニ居タリシ間ニ、心静ニ思エシカバ、世ノ無常ヲ観ジテ、此ク、世ヲ棄テ偏ニ後生ヲ祈ラムト思ヒ廻シニ、只、『仏法ノ少カラム所ニ行テ、身ヲ棄テ次第乞食ヲシテ命許ヲバ助ケテ、偏ニ念仏ヲ唱ヘテコソ極楽ニハ往生セメ』ト思ヒ取テシカバ、即チ厠ヨリ房ニモ不寄ズシテ、平足駄ヲ履キ乍ラ走リ下テ、日ノ内ニ山崎ニ行テ、伊予ノ国ニ下ダル便船ヲ尋テ此国ニ下テ後、伊予讃岐ノ両国ニ乞匃ヲシテ年来過シツル也」と答え、僧房を出てそのまま跡をくらました。やがて藤原知章が伊予守の任期が終わり、上京し三年程たって、長増が伊予国にやってきた。今度は土地の人々が彼を貴《とうと》び敬ったが、間もなく伊予の古寺の後の林にて、この門付け乞食が西に向かって端座合掌し、眠るように死んだ。土地の人々は各人が法事を修した。このことは、讃岐、阿波、土佐国にも聞き伝えて、五、六年間、長増のための法事を営んだ。「此ノ国々ニハ、露功徳不造ヌ国ナルニ、此ノ事ニ付テ、此ク功徳ヲ修スレバ『此ノ国々ノ人ヲ導ムガ為ニ、仏ノ権リニ乞匃ノ身ト現ジテ来リ給ヘル也』トマデナム人皆云テ、悲ビ貴ビケル」つまり、「此ノ国々」＝四国はまったく功徳をつくらない所であるのに、長増の死があってから功徳を行うようになったので、仏が仮に乞食の身となっておいでになったと語り伝えられている。

ちなみに、長増の弟子で伊予守藤原知章に伴って伊予に着いて修法を行った「静尋」は、『台密血脈譜』や『阿娑縛抄』八六、『諸法要略抄』によると「静真」と見え、六字《ろくじ》河臨法《かりんほう》を修している。『諸法要略抄』に「六字河臨法（中略）河臨法者、阿弥陀房静真、為伊予守知章、於予州修之」とある。また、『谷阿闍利伝』によると、静真の弟子皇慶も藤原知章のもとで長徳（九九五～九九九年）年間に普賢延命法を行っている。六字河臨法は『阿娑縛抄』八六には、呪咀《じゅそ》、反逆、病事、産婦のために修すとあり、公的というよりむしろ貴族の私的修法の性格が色濃いものである。また、普賢延命法は九世紀までは玉体（天皇の身体）を祈念する国家的修法として発達するも、一〇世紀には有力貴族の私的修法へと転換するという（速水侑『平安貴族と仏教』吉川弘文館、一九七五年）。つまり、これらは伊予守藤原知章による私的修法であることがわかる。

さて、先に紹介した『今昔物語集』長増遁世譚では、四国は「仏法ノ少カラム所」「露功徳不造ヌ国」と表現されている。『今昔物語集』の他の説話で「四国ノ辺地」と表現されているように、四国は仏法の普及していない「辺土」であったと認識されていたのである。なお、辺地とは、『日本国語大辞典』（小学館）では「弥陀の仏智に疑惑を抱きながら往生した者の生まれるところ」と紹介されている。

ここで長増の話に戻ろう。長増は、厠からそのまま行方をくらましているが、これと同様の行為、つまり厠からの脱出譚は日本の昔話に多く見られるものである。その代表的な話として「三枚の護符」がある。

ある山寺に和尚と小僧がいた。小僧は山に花を取りに行ったが道に迷って夜になってしまう。小僧は山中の一軒のお婆さんの家に泊めてもらうが、実はこの婆は鬼婆であった。何とかして逃げなければいけないと思い、便所に行き、便所の神の導きで窓から逃げた。神からは三枚の護符をもらい、追っかけてくる鬼婆に投げつけながらようやく寺に戻る、といった話である。

小僧は異界（山）での試練を経験し、寺に帰ってくるのであるが、厠はちょうど異界との境（鬼婆のいる世界と日常の山・寺）に位置していると認識することができる。厠に関しては、飯島吉晴氏がその意味、昔話や儀礼におけるその位置づけ、禁忌や俗信、厠神の伝承などを考察しているが、それらを分析すると、厠は異界へ参入する入り口、変身の場、此の世と異界との境というイメージが伴っているとされている（飯島吉晴『竈神と厠神―異界と此の世の境―』講談社学術文庫、二〇〇七年）。

この厠に関する民俗からすると、『今昔物語集』の長増が厠を通じて四国に渡るという行動は、四国が異界であることを象徴していることになるのではないだろうか。四国が仏法の普及していない「仏法ノ少カラム所」「辺土」であるという『今昔物語集』の記述だけでなく、長増の行為からも、当時の畿内（中央）の人々の四国に対する認識の様相を垣間見ることができる。

「生老病死」と煩悩

本書のタイトルにも使用している「冠婚葬祭」につながる言葉に「生老病死」があり、「しょうろうびょうし」と読む。これは仏教で語られる語彙で、人生の中で誰もが経験する「苦しみ」を意味している。単に「生」（生まれてくること、生きること）、「老」（年齢を重ねること）、「病」（心身の健康と病気）、「死」（人生を終えること）という人生の段階を述べるだけではなく、①「生苦」（生まれる、生きることの苦しみ）、②「老苦」（老いゆくことの苦しみ）、③「病苦」（病にかかる苦しみ）、④「死苦」（死ぬことの苦しみ）という人生での苦悩の根本原因となる四つの「苦」を表した言葉である。これに愛別離苦（あいべつりく、愛する者と離れる苦しみ）・怨憎会苦（おんぞうえく、恨み憎む者とも会わなければならない苦しみ）・求不得苦（ふぐとっく、欲して求めても物事を得ることのできない苦しみ）・五蘊盛苦（ごうんじょうく、人間の心身を形づくる五つの要素である色・受・想・行・識から生じる苦しみが盛んに起こること）を合わせて「四苦八苦」という。

この「四苦八苦」を説く仏教経典で代表的なものに『法華経《ほけきょう》』譬喩品《ひゆほん》があり、『法華経』とともに中国、日本の思想に大きな影響を与えた『大般涅槃経《だいはつねはんぎょう》』にも説かれている。この経典の巻第一二「聖行品《しょうぎょうぼん》」に「復次善男子。八相名苦。所謂生苦、老苦、病苦、死苦、愛別離苦、怨憎会苦、求不得苦、五蘊盛苦」（『大正新脩大蔵経』第一二巻）とあり、この仏教語が転じて「非常な苦しみ」や

「さんざん苦労すること」という意味で広がっていった。四苦を「四×九（しく）＝三六」、八苦を「八×九（はっく）＝七二」で、これを合計すると一〇八となるため、煩悩の数を表すともいうが、これには諸説あり、人間に感覚を生じさせて迷いを与えるという「六根《ろっこん》」（眼・耳・鼻・舌・身・意）六種×六根の反応としての「好」と「悪」と「平」の三種×「浄」（きよらかな世界）と「染」（きたない世界）の二種×前世（過去）と現世（現在）と来世（未来）三種の掛算合計とする説や、一年の移り変わりを示す月の数一二＋二十四節気の二四＋七十二候の七二の合計とする説もあり、起源は定かではない。四国遍路の札所である四国八十八箇所霊場と、番外札所をまとめた四国別格二十霊場の八八＋二〇で一〇八と煩悩の数になるが、八十八箇所霊場の番号が定まったのが江戸時代の一七世紀後半で、別格霊場はそれまで番外札所として信仰を集めていた寺院が一九六八年（昭和四三）年に創設されたものであり、比較的新しく、創設の際に煩悩の一〇八に寄せて札所の数が選定されたものといえる。

さて、仏教は「生老病死」を「苦」ととらえる発想であり、「四苦八苦」を普遍的で避けることのできない人生の現実だと理解して、実践（修行）によってその苦しみから解放される道を示してきた宗教だといえる。この仏教の苦滅は、苦の原因である煩悩をいかに滅していくかという思考なのであって、生・老・病・死そのものを否定したり、克服しようとしたりするものではない。筆者が生まれ育ち、そして今も生活をしている愛媛という地で、足元から見えてくる様々な「冠婚葬祭」「通過儀礼」「生老病死」に関する文化を眼前の事実、現実として直視することで、人間や社会がいかなるものかを追究し、思考していく。本書を執筆、刊行する上での趣旨の一つは、こういった点にあることも記しておきたい。

日本人の死生観 ―生と死を認識する力―

他人の「死」を我々は経験できる。しかし、自らの「死」を経験・認識することはできない。ハイデガー（桑木務訳）『存在と時間』（岩波文庫、一九六〇年）が指摘するように、「死」とはいっても様々な位相があって、時代と地域でも異なり、自明のものではない。「死生観」という括りで世界を見渡してみると、「死」は大きく四つに分類できるのではないか。一つは、現実の肉体的生命が無限に存在すると信じるという考え方。これは中国の神仙思想や不老長寿、エジプトのミイラ信仰に代表される。日本でも古代の常世の国の神話もこれにあてはまるだろう。霊魂は別として、肉体の存在を重視し、それが未来永劫《みらいえいごう》存続することが可能であるという死生観である。二つ目は、肉体は消滅したとしても霊魂は不滅だという考え方。これはキリスト教の天国と地獄といった来世観や、仏教の地獄極楽思想、輪廻《りんね》思想が代表的なものである。ここには肉体重視の思考とは異なって、個人の霊魂が死後も異界にて存在し続けるという考えがある。そして死後の霊魂に対しても個性が重要視されるのが

戦没者の村葬（1943年、現西予市宇和町）

特徴である。三つ目は、肉体も霊魂も滅んでしまうが、それに代替する不滅対象（代用物）となって死後の世界で存在するという考え方。これは日本の「先祖」に代表される祖霊信仰があてはまる。先述した個性を有する霊魂とは異なり、三十三回忌や四十九回忌といった弔い上げを経ると、死者の個性は次第に消滅し、「ご先祖様」という代々の家の死者の集合体として、家が永続する限りにおいて存在し続ける。例えば、お盆（盂蘭盆《うらぼん》）には家代々の各個人の死者霊ではなく、先祖という一種の集合体を迎えて、饗応して、そして再び送る。これが日本のお盆の形である。仏教の六道輪廻思想では、死者の縁者が回向・供養することによって、死者の「たましい」は地獄界や餓鬼界から脱出して人間界へ転生（生まれ変わり）することができるが、この思想の基層には、あくまで死者霊魂の個性は保持されている。祖霊信仰で見られる家のご先祖様としての没個性化とは対照的である。そして、四つ目としては、肉体や霊魂、そして代用物も消滅するが、現在の行動に自己を専従集中させることで、生死を超越した境地を体得するものである。これは一般的な「死」の概念とは異なるようだが、悟りをひらくことや、神との一体化などの神秘的体験を得ることによって、「死」を超越することができるという考え方である。前述の三つの説は肉体や霊魂などの永続・消滅を前提として、人間の「生」の後に訪れる「死」の世界でのあり方を問うているが、この第四の説は「生」の時間の延長線上に「死」を考えるのではなく、時間をも、生と死をも超越しようとしている。四国遍路における弘法大師も、「死」ではなく「入定」しているとされ、今でも「生」の存在なのである。

このような「死」のあり方は地域と時代によって異なっており、文化的概念ともいえる。そもそも、人間は死を知っているが、サルは死を知らないという。他者の肉体的終焉《しゅうえん》を「死」ととらえることができるのは人間のみだというのである。「死」を経験し、学習し、理解し、そして概念化・共有化されたことで、サルから進化した人間になったわけである（新谷尚紀『死と人生の民俗学』曜曜社出版、一九九五年）。そして、人間がなぜ葬式を行うのかといえば、実体的な肉体の終焉を、社会の中で「死」として認知させる作業としての意味がある。人間の肉体的な死に伴う不安・混沌《こんとん》状態を、社会的な死として受容させるための方策といえるのである。

さて、「死」を知ることは、同時に自分が生きていることを自覚することにつながり、生と死の境目を認識できることにもなる。もし、その境界認識がない場合、自分が生きていることの証明を得ようとするならば、究極的には自分が死ぬことによって自分の「生」を確認しようとする場合も出てくる。近年、若者の集団自殺が社会問題となったが、もしかすると、自殺した若者たちは普段「生きている」という自己存在感覚が希薄で、それを不安に思っていたのではないだろうか。何とか自己存在を確認したいと無意識のうちに考えた末、死を選択した、いや、死を確認しようとしたのかもしれない。

現代は身体・家・地域・国家といった様々な環境の「内」と「外」がボーダレス化し、「自己」と「他者」、「生」と「死」など社会における自己存在を明確に理解する力（いわば自己同一化する力）を養うことが困難な時代になっている。命に関しても、「生」の向こう側にある「死」を認識できる力を養う環境を整えることができなければ、これからの世の中は、「生きている」と自覚することが難しい、生命活力の減退した社会になってしまうのではないだろうか。

お盆の精霊船（伊方町大久）

かつては「死」を知る手段は「民俗」の中に内在していた。「民俗」とは家や地域を伝承母体として、世代を超えて代々受け継がれてきた生活文化のことである。その中でも人生儀礼のうち死・葬送・墓制の民俗を通して、その地域に生まれた人間は、その地域で成長する過程で、他者の「死」が何たるかを実感・体得することができていた。死者の体を洗う「湯かん」、輿《こし》（棺桶《かんおけ》）を地区内で運んで墓まで送る「野辺送り」、そして土葬での墓穴掘りなどなど。近親者や近隣者が亡くなった際、住民と死者との距離感は近いものだったはずが、今ではセレモニーホールでの葬儀、豪華な棺と霊柩車《れいきゅうしゃ》、設備の充実した火葬場などの登場や、密葬、家族葬、直葬の増加で、「日常」と死者との距離感は増し、死のリアリティも以前に比べて希薄になってきている。

「死」を知ることで人間はサルから進化することができた。自分の「死」は経験・認識できないが、他人の「死」を知ることはできる。このように述べたが、現在では他者の「死」に関してもリアリティをもって経験しづらくなっている。人間が「死」とは何ぞやという問いを考えるのが困難な社会的状況では、「死」を理解できなければ「生」も実感できなくなってしまう。これは人間個人のみの問題ではなく、人間が社会を構成するために必要な自己存在の認識力（「自己」と「他者」を認識する力）にも影響してくる問題である。「他者」を認識する力が皆無だと、「社会の中に存在している自分」という理解から、「自分がすべての中心であり、自分の意識の中に世の中が存在する」といった存在理解の逆転現象が起こりかねない。そして、いずれ日本の若者の間に、第五の死生観が定着するかもしれない。人間は死んだら何もなくなる。肉体も霊魂も。そして、自分が死んでしまうと世の中の存在さえも消えてしまう。そのような死生観のもとでは、日本で伝統的とされてきた祖先信仰も消えうせてしまい、それを支えていた家制度や寺檀《じだん》制度も大きく変容していくのはもはや必然の流れといえる。

第五章

民俗の現在・未来 ——主体的継承へ——

民俗の視点で現代を見つめる

「民俗」とは一言で説明すると「世代を超えて過去から現在に伝承されてきた文化」である。人々の生活の歴史でもあるが、単に歴史というだけでなく、祖父の世代、親の世代、そして我々の世代へと伝えられた「伝承性」が重要となってくる。歴史は時代とともに政治、経済、社会がどのように変化したかを問う視点であり、民俗は今現在の我々が保有する文化（知恵・知識）が、前時代からいかに伝えられてきたかを問う視点といえる。

そして、本書の冒頭でも述べたように、地域や家の中で伝承されてきた知恵・知識は「伝承知」と呼ぶことができる。「伝承知」とは、人間が生まれて成長するまでに獲得する知恵・知識のうち、自分が生まれた家、地域といった集団を伝承母体として、そこで暮らすうちに自然と身につくものである。「伝承知」は、世代を超えて受け継がれたものであり、具体的には生業、年中行事、祭りや芸能、冠婚葬祭（通過儀礼）、昔話・伝説などの口頭伝承、自然観など、人間が家や地域という集団の中で一人前として生きていくために必要とされたものである。

この「伝承知」の対概念として設定できるのに「発見知」がある。発見知は、その世代が集団の外から入ってくる情報をもとに獲得したり、自らが体験することで新たに発見する知である。大量に流通している書籍・学校の教科書・新聞などの書かれたもの（文字）を読むことによって獲得できる知もあれば、テレビやラジオなど音声（音）や映像（絵）を見聞きすることによって獲得できる知もある。これらは、家や地域といった閉鎖的な集団の中で伝承される知でなく、マスメディアやネットなどによって大量・画一的な情報をもとに獲得され、前の世代では知り得なかったものである。

我々が「現代に生きていること」を考える際には、これらの「伝承知」と「発見知（文字知など）」の相克を一つの視点に据えることが有用である。伝承知は、前代から受け継いだ「生きる力」であり、発見知は新たに獲得した「生きる力」だからである。我々がここに存在し、生きている、そして今後も生き抜いていかなければいけない。その意味・根源を、「民俗」「伝承」というキーワードで見つめてみてはどうだろうか。

人生と人間存在

私は二〇〇四年に愛媛新聞の文化面でコラム「四季録」を執筆したことがある。当時、三〇歳前半で愛媛県内の「伝統的な」民俗文化を紹介してほしいと依頼されたが、二〇〇〇年を過ぎたばかりの新世紀。単にノスタルジックな内容で読者の郷愁を誘うのでは充分ではないと感じていた。

そこで「四季録」連載で紹介した文章の共通テーマは表には出さないものの裏テーマとして「民俗における人生と人間存在」に設定をした。四季録の「四季」を勝手ながら人生における四季（幼年期・青少年期・壮年期・老年期）と考え、それに関する県内の民俗事象から、人生を「現実」に即して客観視しようと試みたわけである。「現実」とは、実際に現れていることであり、自己の存在である。極言すればそれは「生きていること」でもある。現実を見つめようとするのは、自分が生きている環境を理解し、存在を確認する作業といえる。この「四季録」の執筆も一つの基礎となって本書の刊行にまでつながったと感じている。

そもそも存在の確認は、「時間」と「空間」にて行われるものである。自分の存在を過去・現在・未来という時間軸に位置づけることであり、身体・家・地域・世界という空間軸に位置づけることである。その作業を、「民俗」という世代を超えて伝承されてきた文化、つまり先人が伝えてきた生きる力・知恵・知識を素材として実施してきた。乱暴な言い方をすると、時間軸に位置づける作業は一種の歴史学的方法であり、空間軸に位置づける作業は一種の地理学的・社会学的方法であるが、それを「伝承」や「伝播《でんぱ》」の視点で縦横に結びつけるものが民俗学である。これにより地域文化を見つめる視点をより深くもって、人間存在・自己存在を認識することができると考えている。

これからの世の中では、この視点が不可欠になると思う。個が個として生きていくことができるのは、単なる幻想であり、個は必ずコミュニケーションをとり、他者との関係を築かなければならない。「人の間」と表記する「人間」の存在は自明なものではなく、ヒトとヒトの間柄が築かれてはじめて「人間」となるのである。

その間柄には血縁・地縁・社縁などの「縁」があるが、その「縁」の中で自己を確立する力を養ってくれる一要素が「民俗」である。「民俗」を古きもの、ノスタルジーを感じさせるものと扱うのではなく、現実＝生きる手段としていかに扱われてきたかを理解することで、現在・未来を生きる方策も、おのずから見えてくる。それは生きていることを相対化する作業であり、それが達成できれば生きていることを絶対視もできる。そうやって、私自身も、明日から生きていく活力を模索している。

時間が個人に戻ってくる ―時間感覚の変遷―

民俗調査でいつもお世話になっている愛媛県南予地方の地区がある。そこで調査した内容を地元の方にも周知する意味もあって、地区の公民館などに呼ばれて地元の歴史や民俗について講演させてもらうことがこれまで何回かあった。そのような講演は、たいてい予定より一〇分は遅れて始まる。聴講者が定時には集まらないのだ。しかし、定時後一〇分のうちにぞろぞろと人は集まり、時には数十名を超える。例えば一八時開始となっていてもしゃべり始めるのは一八時一〇分。地元では「〇〇時間やけん」（〇〇はそこの地名、「沖縄時間」のようなもの）と揶揄《やゆ》されていて、定時（開始時刻）に家を出るという感覚である。五分前集合という発想はない（私の講演はそんな規律を求めている公の会合ではないので、それでまったく問題はない）。

各地の神社の例祭や神輿渡御、お練りを見学しても、予定では○時○分に始まるといっても、その予定どおりにいかないことも多い。一般に、お練りなどには分単位に時間厳守しているという感覚は見られない。例えば西条まつり。神輿やだんじりなどの渡御は予定より一時間は遅れることもある。名物の夕刻の川入りも暗くなって行われたこともあった。しかし、これは祭礼の執行上、問題があるわけではなく、逆に分刻みで時間厳守していくことの方が運行の危険を伴う可能性もある。時間厳守を求めるのは誰かと言えば、観光客など祭礼における他者である場合もあり、祭礼を執行する主体者とは時間の捉え方が違うともいえる。

そもそも時間を分単位できちんと守るというのは近代以降の行為である。少なくとも江戸時代には、分単位で時間を守るという感覚は薄かった。なにしろ暦自体が不定時法だった。古くからの十二辰刻法《しんこくほう》で、夜明け前を卯の刻、日暮れを酉の刻として、卯と酉の間を昼夜ごとに六等分したのが一辰刻で、季節とともに一辰刻の長さが変わっていたのである。日本において、二十四時間制度が正式に採用され、何時何分何秒が季節によって変わることなく定時になったのは一八七三(明治六)年の太陽暦の実施からのことである。

それですべての行動が定時規律となったかというとそうではない。以前、愛媛県内のある小学校で昭和初期の学校日誌を拝見する機会があったが、「時間厳守セシムルコト」とあったように、教育の現場でも時間厳守を求めて、定時規律を定着させようとしていた。個人の生活レベルではやはり分単位で行動する意識は薄かったのだ。

教育の場での時間割や試験、これらは時間厳守ではじめて成り立つものだが、時間厳守を教育したのは、その時代が要請したことである。つまり、大雑把にいえば近代の工業化社会への転換に他ならない。生産の納期という時間を守ることが管理の最低条件であるし、それ以前に、労働の根本に就業時間という厳守すべき時間が導入され、定着した。

工業化社会だけではなく、情報化社会でも時間厳守は必要だった。ラジオ、テレビは時間厳守。番組表があって、放送側は必ず時間厳守。そして放送を見る側は、その時間にあわせて一日のライフスタイル、生活リズムが形づくられるほどテレビなどの時間に影響されていた。多くの市民が同じ番組を視聴し、同じ時間を共有する。時間を共有することで均一化されたライフスタイル、生活リズムが生み出され、それが世相となる。これは二〇〇〇年以降に生まれた世代から見れば、少し奇異にも映る時代だといわれるようになるかもしれないし、また工業化、情報化社会以前の世代から見てもやはり奇異に映るかもしれない。

時間は守って当たり前。この発想のもとには、時間の管理主体が個人にあるのではなく、世間もしくは社会が時間の管理主体だという考えがある。世間で決められた時間を守ることが、その社会の中で生きていくための規律だという発想である。そのような規律を求められる時間感覚は近代以降のもので、しかも令和の時代以降にはまた違ったものになるかもしれない。

現在、テレビにしても番組表に縛られたライフスタイルは崩れつつあるように思う。以前に比べれば、見たいテレビ番組の時間には縛られず、録画をしたり、オンデマンドが普及したり、そしてテレビ番組ではなくインターネット上での動画を選択したりする状況だ。

これまでの時間感覚は、これからは当たり前ではなくなるのかもしれない。いわば、近代以降、個人から世間に奪われた「時間」が、再び個人に戻ってくる。そんな時代がやってきているような気がする。時間厳守という単に個人に対して規律が求められる時代ではなく、時間をいかに自律させるか、管理するかといった個人主体の時間感覚である。

そうなると厳守という強制ではなく、厳守を超越した時間管理のライフスキルが個人には求められてくる。それは個人が確立すべきもので、そのための教育も今後は必要なのかもしれない。均一化したライフスタイル、ライフスキルではない個の確立が必要とされる時代が到来しているのだ。

冒頭に紹介した、民俗調査でお世話になっている愛媛県内の地区で語られる「〇〇時間」といったものは、個人の自律性の残る生き方なのかもしれないし、祭りといった世代を越えて近代以前から伝承された儀礼の中に流れている時間も自律性が見られる事例といえる。今一度、それらに目を向けると現在、未来の時間感覚や、個人に戻ってきてしまう「時間」を扱うライフスキルを磨くヒントが見えてくるような気がする。

民俗文化財への指定・選択

人生儀礼（冠婚葬祭や生老病死に関する民俗）は個人や家レベルで継承されているだけではなく、祭りや年中行事といった地域の伝統行事として儀礼化され、継承されている場合も多い。地域の伝統行事は「無形民俗文化財」や「無形文化遺産」とも称され、国内外でその保護措置を講じる制度が確立されている。

世界に目を向けると、ユネスコによる文化資源の登録事業に「無形文化遺産」がある。無形文化遺産は、グローバリゼーションの進展や社会変容に伴って、衰退、消滅の危機に直面するといった背景から、二〇〇三年のユネスコ総会で「無形文化遺産の保護に関する条約」が採択された。口承による伝統及び表現、芸能、社会的慣習、儀式及び祭礼行事、自然及び万物に関する知識及び慣習、伝統工芸技術が対象であり、「世界遺産」の記念物、建造物、遺物などは異なる文化資源である。日本は二〇〇四年に条約締結し、二〇二二年現在、日本では「山・鉾《ほこ》・屋台行事」「来訪神：仮面・仮装の神々」「風流踊」などの二二件が記載（登録）されている。

なお、ユネスコ無形文化遺産は、同じユネスコによる文化資源の登録事業である「世界遺産」とは別物である。世界遺産と無形文化遺産の関係は、一九九四年の第一八回世界遺産委員会採択の「世界遺産一覧表における不均衡の是正及び代表性・信頼性の確保のためのグローバル・ストラテジー」が一つの画期になっている。このグローバル・ストラテジーでは、世界遺産の登録が地域的、分野的に偏重が見られ、欧州地域における遺産、都市関連遺産及び信仰関連遺産、キリスト教関連資産の登録が過剰に偏重していることや、「生きた文化（living culture）」や「伝統（living tradition）」を対象から除外することが指摘された。その偏重を是正するため、新たに産業遺産、二〇世紀の建築、文化的景観の分野が提示され、後にこれらの分野の世界遺産登録が進むこととなる。そして過去から継承されて現在なお行われている「生きた文化（living culture）」や「伝統（living tradition）」については、無形文化遺産の登録制度の確立で対応するという流れとなった。

日本国内で民俗文化財の保護の体系は文化財保護法に基づき整えられている。この法律が成立したのは一九五〇（昭和二五）年であるが、当初は「民俗文化財」は含まれず、一九七五（昭和五〇）年の文化財保護法の改正により、伝統的な町並みである「伝統的建造物群保存地区」とともに「民俗文化財」が保護の対象、体系として確立した。衣食住、生業、信仰、年中行事などに関する「風俗慣習」「民俗芸能」「民俗技術」といった、人々が日常生活の中で生み出し、継承してきた文化遺産を「無形民俗文化財」として保護し、そのうち特に重要なものを国が「重要無形民俗文化財」として指定することとなり、二〇二二（令和四）年現在、三二七件が指定されている。その中から、ユネスコ無形文化遺産へ、国指定時期の古いものから記載したり、「風流踊」など、類似行事をグループ化して一つの遺産とみなして一括記載したりする形がとられている。

愛媛県内の重要無形民俗文化財としては、一九八一（昭和五六）年に宇和島市、鬼北町の民俗芸能「伊予神楽」が初めて指定され、二〇二三（令和五）年に食文化に関する民俗技術として、西条市の「石鎚黒茶の製造技術」が指定されている。ただし、愛媛では祭り、年中行事、人生儀礼の「風俗慣習」分野での「指定」はゼロである。重要無形民俗文化財に「指定」されている人生儀礼としては、青森県の「泉山の登拝行事」（名久井岳の神社や祠を子どもたちが参拝する行事）、栃木県の「川俣の元服式」などがあるが、「指定」ではなく、同じく文化財保護法で規定された無形民俗文化財の保護措置である「記録作成等の措置を講ずべき無形の民俗文化財」へ「選択」された民俗行事は愛媛県内にも存在する。村落社会での社会生活の活動団体組織として、一定範囲の年齢層に属する者が集団、組合を作り、社会的機能を果たそうとする年齢集団の階梯であり、子供組、若者組、そして隠居制といった習俗である「年齢階梯制」（一九五四〈昭和二九〉年選択、東京・静岡・長野・石川・愛知・三重・愛媛・徳島・高知・長崎）や、伊方町の新仏のための盆行事である「佐田岬半島の初盆行事」（二〇一〇〈平成二二〉年選択）がある。愛媛では人生儀礼に関する民俗の「指定」はゼロであるが、子供組の行事である秋の収穫祭「亥の子」行事、新仏のための正月行事「巳正月」などは将来的には「指定」や「選択」、「登録」の候補になる可能性もあると筆者は個人的には考えている。今後の指定や選択、登録に向けて文化財調査や研究の取り組みを進めて、深めていく必要があるといえるだろう。

民俗文化財の「保護」

「文化財」は文化財保護法という法律名が示すように「保護」という用語がよく使われる。一九五〇（昭和二五）年成立の日本の文化財保護法は英訳ではLaw for the protection of cultural propertiesであり、「保護」とはprotection（プロテクション）と訳される。ところが、ユネスコの無形文化遺産は二〇〇三年に「無形文化遺産の保護に関する条約」が締結されて制度が確立したが、英訳ではConvention for the Safeguarding of the Intangible Cultural Heritageであり「保護」＝safeguarding（セーフガーディング）となっている。

ユネスコのウェブサイトによると「無形文化遺産は遺産の生きた形であり、不断に再創造され、我々が我々の実践や伝統を環境に適応させていくなかで進化・発展していくものである。そして「保護（safeguarding）」とは、通常の意味での「保護（protection）」を意味するのではない。なぜなら、これらの言葉は無形文化遺産を固定されたもの、凍結されたものにしてしまいかねないからだ。「保護（safeguarding）」とは、無形文化遺産の存続する力を確保することを意味する。すなわち、その不断の再創造と伝達を確保することである」と紹介されている。無形文化遺産は可変的な「生きた文化（living culture）」であって、無形文化遺産を固定化されたもの、凍結されたものにしてしまうprotectionではなく、存続する力を確保し、再創造と伝達（伝承）を確保する、これが無形文化遺産での「保護（safeguarding）」だというのである。要するに、史跡や建造物のような不動産や有形文化財のように不変で変容、変化を許容しない保護という立場よりも、文化財が将来にわたって継続、継承されるための力を確保するための環境を整えていくという立場だといえる。

そしてsafeguardingは無形文化遺産条約の中で具体的に触れられており、safeguardingは広義的な意味での「保護」であり、「目的」化された用例として使われている。そして「保護（safeguarding）」をするための措置、「手段」として「認定」（日本国内でいえば「指定」や「選択」の制度）、「記録の作成」（現地調査の上での報告書刊行や映像記録の制作）、「研究」「保存」「保護（protection）」「促進」（広報や普及の取り組み）、「拡充」（行事存続のための再編成）、「伝承」「再活性化」が挙げられている。ここに狭義の意味での「保護（protection）」も含まれ、変化、変容することなく状態を保つことが前提で、変化、毀損した場合には修復など具体的な施策を行うことが含意されているといえる。このようなprotectionとsafeguardingとの比較から無形文化遺産、無形民俗文化財の継承を考えることも今後は重要だろう。

民俗は固定化されて継承されるものではない。この点は絵本作家で児童文化研究者・かこさとし『こどもの行事　しぜんと生活』（小峰書店、二〇一二年）が参考となる。筆者はこの書評を愛媛新聞（二〇一二年七月二五日付）で以下のように執筆した。「行事には、生活を安心・安全に保ち、地域を豊かにするといった先祖からの願いや思いが込められている。今を生きる私たちは、無自覚に『古いから守る』という姿勢ではなく、先人が伝えてきた思いが何なのかを理解し、同時に現代にふさわしい行事を、いかに自ら考え、判断し、つくり出していくのか。この著作は、未来を構築する主役である子どもたちに対して、力強く、そしてやさしく語りかけている」。このように過去からの固定的な継承ではなく、未来に向けてどのように継承するかをそれぞれの時代、世代で考えて実行していく。これが今後の民俗文化財の保護のスタンスだと考えている。

人口減少社会の民俗文化財 ―変容と継承―

本書のさいごに、冠婚葬祭に限らず地域で継承されてきた無形の民俗文化財、伝統行事について、人的な不足や社会環境の変化で地域自身がどのように対応、対処してきたのか、愛媛県内の事例を数例紹介しておきたい。まずは八幡浜市の「真穴の座敷雛《ざしきびな》」である。この行事は毎年四月二日、三日に行われる大規模な雛祭りで、初節句を迎えた長女の家で、座敷や納屋など二〇畳くらいの広さに雛人形や山水風景などを飾りつけして、多くの縁者や観光客も見学に来るというものである。もともとは穴井地区だけの行事だったが、少子化で穴井だけでは継続が難しいということで、対象を小学校区全体に広げ、隣の真網代《まあじろ》、小網代《こあじろ》、大釜にも対象範囲を広げている。それでも出生する子どもが少ないということで、地区出身者で東京や大阪など市外、県外に出た人も、子どもが生まれた場合に実家で行うように対象を拡大した。この行事は毎年二～三万人が見学に集まる観光行事にもなっているが、地元真穴としては、初節句の長女がいない年はあえてやらない選択をとっている。座敷雛は本来、観光行事ではなく地元の伝統行事であり、女子の初節句で行うものだから、観光のために形だけ座敷雛を製作、公開することはしない。初節句の長女ゼロの場合、あえて実施しない。そのような年を設けるということで翌年、翌々年に開催したり盛り上げたりするモチベーションを高めているという発想である。「あえてやらない」という矜持が継承意識を高めるという事例といえる。

次に八幡浜市の「五反田の唐獅子」（獅子舞）である。この獅子舞はもともと男子、特に長男だけが演じることができたのだが、子どもの数が少なくなり次男、三

八幡浜市真穴の座敷雛

男でも参加可となり、そして女子も可となった。小学校の高学年が演じているが、女子の方が参加意欲は高くて元気だという傾向がある。男子は恥ずかしがり屋で声が小さい子も多い。女子は表現力豊かで、小学校を卒業したあと先輩として顔を出してくれる子が多いという傾向がある。長男、次男以下との差や、男女といった差をどう考えるか、参考になる事例である。

次に先項でも変容について触れた「亥の子」行事である。旧暦一〇月の亥の日に、子どもたちが家々の前で亥の子石をついて集落をまわる行事である。子どもたちは亥の子唄を歌いながら石をつく。「いーちに俵ふんまえて、にーでにっこり笑うて、さーんで酒を造って」このように数え歌などを唄いながら、家々を回ってご祝儀をもらう。この行事の実施、運営は、子ども主体である。ところが、少子化で子どもの代わりに高齢者が亥の子をやり始めた地区が宇和島市津島町にある。かつて子どもだった高齢者が亥の子を何十年ぶりにつくと、子ども時代を思い出して非常に楽しく、参加に満足するらしい。ご祝儀をもらえるし、童心に戻って若返ったというので継続しているという事例もある。本来は子どもが実施するべき行事だが、高齢者が行っても石をついて家々を祝福す

八幡浜市五反田の唐獅子

宇和島市津島町野井の「亥の子おやじ連中」

るという行事の本義は継承されているといえる。何が「本来」「本義」なのかを地元の者が判断して変容させて、年齢の枠を取り払って継続しているという事例である。また、今後の高齢社会の中では、地域の中での居場所を作り、昔を懐かしむことでの認知症予防、そして体を動かす健康面でも効果的であり、地域文化を活用した医療、福祉にも貢献できる可能性が見えてくるのではないだろうか。

次に西条市小松町の「石鎚の獅子舞」である。愛媛県を代表する石鎚山。一九八二メートルの四国最高峰の山であり、その麓の集落である石鎚地区は一九七〇年代から集団移転事業を機に現在の西条市小松町の平野部に多くの地区住民が移転をして石鎚団地が形成され、現在もそのコミュニティが存続している。石鎚地区自体は二〇一〇年代後半には住民がゼロとなってしまった。しかし、毎年一一月三日に行われる石鎚地区に残されている諏訪《すわ》神社の秋祭りに行くと、地区出身者が多く集まっている。いわば年に一回の同窓会のようなものといえる。移住した先の石鎚団地の子どもたちが約一か月間獅子舞を習って、秋祭りで獅子舞を奉納するというように、集落は無住、住民ゼロだけれども、民俗行事は続いている。つまり、集落の消滅や過疎化、高齢化が原因で、必ずしも民俗行事は継承できなくなるというわけではない。「集落の消滅」イコール「民俗の消滅」というわけではないという事例である。

次に鬼北町の「節安《せつやす》の花とび踊」である。この節安地区も山間地にあり、一九六〇年代からの集落移転により過疎が進んだが、地域結集のために一九七〇年代後半に「花とび踊」保存会が結成されて、毎年二月に節安の薬師堂の前で奉納されている。こちらも同窓会的役割があって、地区を離れた元住民が多く集まるのだが、この花とび踊には安産の利益があるともいわれている。近年、SNSで、この踊が安産祈願になるというので、松山市、宇和島市など都市部から参加者が来ることがある。安産祈願なので、無事子どもが誕生すると成就でお礼参りに参加する。SNSを通じて、地区外の人が増加していく事例もある。

次の事例は、西予市城川町土居の御田植行事。通称「どろんこ祭り」で、行事が行われる神田の周囲には多数のカメラマンが集まる行事としても有名である。一九七〇年代から観光化に力を入れて、多くのカメラマンが撮影に来る行事に変貌した。ただ、土居地区でも少子化、高齢化、過疎化で、行事に出す牛の練習が困難になったり、早乙女や太鼓踊に参加する子どもを確保できなかったりと、行事の継続が難しくなってきている。同時に地域で多くの観光客を受け入れることに対しても負担が大きくなり、地元の決断で、二〇一八（平成三〇）年から祭り自体を中断するという選択をしている。無形民俗文化財をいかに継承するのか方策を考える際に、地区外の多くの人に見てもらえるように観光化すれば活性化して、持続する契機となるかというと、観光客を受け入れるだけの体力がその地域に残っているのかどうか。受け入れの負担をいかに軽減しながら実施するのかを考える事例として紹介してみた。

無形民俗文化財を継承するにはどうすればいいのか。「指定」された民俗文化財は貴重な価値を有しており、どれも「伝統」があるものであるが、「指定されているから守らないといけない」「文化財だから継承すべきだ」という思考では、なかなか多くの担い手は納得しにくいのが現状といえる。昔であれば、その地域に住んでいれば、先祖から受け継いだもので、大事なものだからやらないといけない。このように担い手が受容できたのかもしれないが、これからの時代は、今の世代、自らが「何をやっているのか」「何のためにやっているのか」を「やりたい」「できる」のか、「やりたくない」「できない」のかも含めて、主体的に判断をしていく必要があるのではないか。中断するなら、自然消滅ではなく、自らが理解をして、判断をした上で主体的に中断する。継承するのであれば、自らが理解し、判断をしたうえで受け継いで続けていく。つまり、先祖から受け継いだものを継承していくという行為も、今の我々の世代での「選択」の一つであるということである。これは、大規模災害が発生した時の被災文化財を救出、レスキューの際に、何を救い出して、何を残していくのかという判断に共通してくる問題でもある。文化財を残していくには、何が大事なのかという「価値」を明確にすることが重要で、それを今の我々の世代がそれぞれの文化財の「価値」を構築したり、理解したりしないと、継承の判断ができずに、自然消滅に向かってしまう可能性もある。

二〇一九（平成三一）年の文化財保護法の改正により、これまで「保護」「保存」重視であったものが、「活用」も重視する方向になっているが、なぜそれが文化財になっているのか、なぜ先祖から今に継承することができたのか。「価値」を理解した上で、今後の継承を主体的に選択していく。その主体的選択が可能となるような環境づくり、取り組みが必要となってくる。自らの文化財を客観的に理解して、問題点を考えて、継承につなげるという点で、今後は民俗行事の担い手が学び、判断することができるような同業者交流会や研修会を実施することも必要となってくるだろう。

「伝統だから」、「文化財だから」守るという視点から、自ら「価値」を理解して主体的な選択として継承をするという視点への転換によって、文化財を「自分自身のもの」「自分たちの宝」だと認識できれば、文化財を「保護」し、同時に「活用」もしていく可能性が広がってくるのではないだろうか。

初出一覧

第一章

はじめに　愛媛新聞「四季録」二〇〇四年四月四日

お産とケガレ　愛媛新聞「四季録」二〇〇四年四月二五日

お産婆さん　愛媛新聞「四季録」二〇〇四年六月二七日

後産（胞衣）の処理　『民俗の知恵—愛媛八幡浜民俗誌—』創風社出版、二〇〇五年

「おんぶ」と「だっこ」　愛媛新聞「四季録」二〇〇四年四月一八日

「こやらい」の意味　愛媛新聞「四季録」二〇〇四年四月一一日

子宝　南海日日新聞「八幡浜民俗誌」二〇〇七年一月一日

エンコ祭り　『民俗の知恵—愛媛八幡浜民俗誌—』創風社出版、二〇〇五年

盆飯と子どもの成長　愛媛新聞「四季録」二〇〇四年八月一五日

愛媛は「亥の子」王国　『祭都風早』風早活性化協議会、二〇一六年

亥の子の現代的変容　書き下ろし

「笑い」の民俗　愛媛新聞「四季録」二〇〇四年五月二日

「いじめ」の主体　愛媛新聞「四季録」二〇〇四年七月四日

命札　書き下ろし

愛媛県独自の少年式　書き下ろし

第二章

若者組の近代　愛媛新聞「四季録」二〇〇四年八月二二日

「青年」と「若者」　愛媛新聞「四季録」二〇〇四年八月二九日

青少年教育における「民俗」の活用法　『ふるさと久万』五〇号、久万高原郷土会、二〇一一年

恋愛と祭り・盆踊り　『民俗の知恵—愛媛八幡浜民俗誌—』創風社出版、二〇〇五年

青年団と若者組　『民俗の知恵—愛媛八幡浜民俗誌—』

創風社出版、二〇〇五年

新婚者への悪戯　『民俗の知恵—愛媛八幡浜民俗誌—』創風社出版、二〇〇五年

ヨバイの習俗　愛媛新聞「四季録」二〇〇四年七月一一日

結婚改善運動　愛媛新聞「四季録」二〇〇四年九月五日

「大人」とは何か　愛媛新聞「四季録」二〇〇四年七月一八日

第三章

厄年の年齢　愛媛新聞「四季録」二〇〇四年五月九日

厄落としの呪法　愛媛新聞「四季録」二〇〇四年五月一六日

厄の行方　愛媛新聞「四季録」二〇〇四年五月二三日

厄払いの時期　愛媛新聞「四季録」二〇〇四年八月一日

空海と厄年　『弘法大師空海展』愛媛県歴史文化博物館、二〇一四年

地域における定年　愛媛新聞「四季録」二〇〇四年五月三〇日

姥捨山と老人の知恵　愛媛新聞「四季録」二〇〇四年六月六日

戒めとしての隠居制度　書き下ろし

歳を重ねる　書き下ろし

第四章

伝統的な葬儀　書き下ろし

土葬から火葬へ　愛媛新聞「四季録」二〇〇四年九月一二日

死人を呼ぶ「魂呼び」　書き下ろし

ヒロシマへ行くこと　『民俗の知恵—愛媛八幡浜民俗誌—』創風社出版、二〇〇五年

戦死のリアリティ　愛媛新聞「四季録」二〇〇四年六月一三日

戦没者の墓標　愛媛新聞「四季録」二〇〇四年六月二〇日

疫病の歴史　坂の上の雲ミュージアム通信『小日本』四〇号、二〇一一年

疫病を神に祀る風習　『文化愛媛』第八五号、愛媛県文

化振興財団、二〇二二年
災害の犠牲者　『文化愛媛』第六九号、愛媛県文化振興財団、二〇一二年
愛媛の自然災害伝承碑　『文化愛媛』第八四号、愛媛県文化振興財団、二〇二一年
盆行事と盆棚　『民俗学事典』丸善出版、二〇一四年
死者供養の念仏踊り　『つなぐ　ふるさと宇和島／南予』二五号、宇和島信用金庫、二〇二三年
死者の正月　『民具マンスリー』四四―七、神奈川大学常民文化研究所、二〇一一年
閻魔と地獄　『つなぐ　ふるさと宇和島／南予』一八号、宇和島信用金庫、二〇二二年
遍路墓と供養　書き下ろし
四国遍路の「お接待」「善根宿」と先祖供養　『浄土寺・浄瑠璃寺と写し霊場』愛媛県歴史文化博物館、二〇二二年
「異界」としての四国　『一遍会報』三二一号、一遍会、二〇〇七年
「生老病死」と煩悩　書き下ろし
日本人の死生観　『一遍会報』三一五号、一遍会、二〇〇六年

第五章

民俗の視点で現代を見つめる　愛媛新聞「四季録」二〇〇四年九月一九日
人生と人間存在　愛媛新聞「四季録」二〇〇四年九月二六日
時間が個人に戻ってくる　書き下ろし
民俗文化財への指定・選択　書き下ろし
民俗文化財の「保護」『文化愛媛』第八七号、愛媛県文化振興財団、二〇二四年
人口減少社会の民俗文化財　『文化愛媛』第八七号、愛媛県文化振興財団、二〇二四年

主要参考文献

和歌森太郎編『宇和地帯の民俗』吉川弘文館、一九六一年
森正史『愛媛の民俗―年中行事篇―』松菊堂、一九六二年
愛媛県教育委員会編『ふるさと年中行事調査報告書』一九七四年
森正史他編『四国の祝事』明玄書房、一九七八年
森正史他編『四国の葬送・墓制』明玄書房、一九七九年
愛媛県教育委員会編『愛媛県民俗地図』一九八二年
愛媛県史編さん委員会編『愛媛県史民俗編』上・下、愛媛県、一九八三年、一九八四年
吉村典子『お産と出会う』勁草書房、一九八五年
文化庁文化財保護部編『民俗資料選集二七　年齢階梯制二』国書刊行会、一九九九年
愛媛県教育委員会編『愛媛県の民俗芸能』一九九九年
愛媛県生涯学習センター編『愛媛のくらし』一九九九年
押岡四郎写真・愛媛新聞社編『愛媛民俗伝承の旅　祭りと年中行事』一九九九年
愛媛県生涯学習センター編『愛媛の祭り』二〇〇〇年
愛媛県生涯学習センター編『えひめ、その食とくらし』二〇〇四年
愛媛県生涯学習センター編『えひめ、装いとくらし』二〇〇五年
大本敬久『民俗の知恵―愛媛八幡浜民俗誌―』創風社出版、二〇〇五年
愛媛県生涯学習センター編『えひめ、子どもたちの生活誌』二〇〇七年
愛媛県生涯学習センター編『えひめ、女性の生活誌』二〇〇九年
森正康『街角のフォークロア―足下の暮らしを見つめ直す試み―』愛媛県文化振興財団、二〇一八年
町見郷土館編『佐田岬民俗ノート』二〇二〇年

あとがき

「民俗学は終わった」。一九九〇年代、私が学生時代によく耳にした言葉である。伝統的な農山漁村の生活文化は変容し、調査対象も衰退、消滅し、もはや民俗学は成り立たないと見る向きもあった。しかし、民俗は衰退、消滅するだけではなく、変容の上で新たな意味づけをされ、地域を結集する文化遺産となって継承されている事例も多い。少子高齢化や過疎化、西日本豪雨や将来発生が想定される南海トラフ巨大地震、新型コロナウイルス感染拡大などで地域が危機に陥ったり、ネット社会の進展、人々の価値観の多様化など変化の激しい時代だからこそ、過去と現在を客観視する時間軸、地域の内と外を認識する空間軸で物事を考察する民俗学は、古き良きものを残す視点だけではなく、継承されてきた地域の文化資源を活かして、いかにこれからの社会を創造、創発、構築していくのかを考えていく上で重要になってくると私は確信している。地域社会の新たな構築だけではなく、個人（人間）の存在を考えて「生きる意味」を模索していく上で、冠婚葬祭の民俗は大きなヒントを与えてくれるものであり、本書がそれに少しでも寄与できればと考えている。民俗学をはじめとする人文学分野は「地域貢献」の名のもとに研究成果を一方的に周知還元するという視点ではなく、地域文化や人間の生き方の構築に対して「学問」と「社会」が双方向的に大きく関わっていく視点も今後ますます重要となるだろう。「民俗学はこれから」である。

本書のタイトルは、愛媛の民俗学の調査・研究を長年牽引《けんいん》してきた森正史氏（一九二三〜二〇一七年）の著作『愛媛の民俗—年中行事篇—』（松菊堂、一九六二年）を意識している。内容は及ぶものではないが、森正史氏の調査研究に対する姿勢を少しでも今に、未来に継承することが民俗学、そして愛媛の地域文化活動に大切だと常々考えている。本書の刊行は「えひめブックス」刊行委員である元松山短期大学教授の佐々木正興氏にご推薦いただいたものであり、松山東雲短期大学名誉教授の森正康氏が著した「えひめブックス」シリーズの『街角のフォークロア』（二〇一八年）に続くものにしたいとの思いで執筆を進めた。この三名の民俗学の先輩方からは常日頃、様々なことをご教示いただき、先輩方の調査研究成果の礎の上に本書は成り立っている。また、勤務している愛媛県歴史文化博物館は、調査研究やその成果を広く公表する環境が整っており、一見集客力のある「展示」にはつながりにくい「冠婚葬祭」、「生老病死」についても大切な地域文化として、博物館で情報を集積し、調査研究を進めることができた。そして本書の編集にあたったのは（公財）愛媛県文化振興財団の佐伯直紀氏である。佐伯氏の提案、助言によって本書は完成した。表紙は県内在住の画家・かみおひとみ氏によるものであり、愛媛の民俗のイメージを素晴らしいイラストで表現していただいた。佐伯氏、かみお氏に感謝申し上げたい。

著者紹介

大本敬久（おおもと　たかひさ）

1971年、愛媛県八幡浜市生まれ。専門は民俗学・日本文化論。研究テーマは信仰・儀礼伝承の民俗学的研究、自然災害の歴史・民俗学的研究。早稲田大学教育学部社会科地理歴史専修卒業。立正大学大学院文学研究科史学専攻修士課程修了。1995年より愛媛県歴史文化博物館学芸員として勤務。現在、愛媛県歴史文化博物館専門学芸員。国立歴史民俗博物館共同研究員。日本民俗学会会員。著書に『民俗の知恵―愛媛八幡浜民俗誌―』（創風社出版、2005年、愛媛出版文化賞奨励賞受賞）、『触穢の成立』（創風社出版、2013年）他がある。

えひめブックス30

愛媛の民俗
―冠婚葬祭編―

令和六(二〇二四)年三月一日　初版第1刷発行

著　者　大本敬久
発行者　土居英雄
発行所　公益財団法人 愛媛県文化振興財団
愛媛県松山市道後町二―五―一
郵便番号 七九〇―〇八四三
電　話 〇八九(九二七)四七七七
ＦＡＸ 〇八九(九二七)四七七八
印　刷　岡田印刷株式会社

ISBN 978-4-901265-70-6 C0239　¥1,091E

えひめブックス刊行のことば

昭和六十一年十二月

愛媛県文化振興財団は、設立の趣旨にそって、今日までに色々な事業を手がけてまいりまして、県民の皆様から深い関心を寄せていただいておりますが、その中で講演会やシンポジウムなどにつきましては、その速記録に基づいた図書の刊行を行い、開催地や開催回数の制約を補って、多くの方々に喜ばれております。

「えひめブックス」では、更に歩を進めまして、郷土の文化や風土に根差した文化史・生活史が展望できるようなシリーズとして、先人の豊かな知恵を汲みあげ、あるいは、今日我々が直面している事象に意味を賦与し、さらに将来への道を拓く、このような出版物を意図しております。

そのためにも、郷土の文化へ向ける視線が偏狭に堕さぬよう、視野を広く瀬戸内社会・西日本・日本列島にも及ぼし、愛媛を多面的に位置づける叢書でありたいと心掛けております。

今日ほど、多くの人々が創造的に学ぼうとする時代が、かつてあったでしょうか。更に、今後も益々深まっていくであろう価値の多様化も十分反映させ、この「えひめブックス」が、時代にふさわしい使命をになって、県民の方々に、限りなく豊かな愛媛の文化・風土の扉を開くしるべとなることを念願してやみません。

財団法人 愛媛県文化振興財団

※平成二十四年四月一日より公益財団法人愛媛県文化振興財団となりました。

● 公益財団法人 愛媛県文化振興財団刊行図書 ●

◎えひめブックスシリーズ

「アメリカの風が吹いた村―打瀬船物語」 村川庸子著
「人生は路上にあり」 手束妙絹著
「肱川　人と暮らし―川の文化誌―」 横山昭市編著
「幕末維新の松山藩―守旧保守の苦悩―」 景浦勉編・監修
「空飛ぶボラ―南予トッポ話―」 和田良譽著
「伊予の古刹・名刹―美とやすらぎの空間―」 越智通敏著
「文宝日記を読む―宇和島藩城代家老桑折宗臣の日々―」 篠崎充男著
「写真で見る愛媛の昆虫―愛媛の自然―」 田辺秀男著
「伊予の名僧・傑僧―古徳の教え―」 越智通敏著
「松山藩と裏千家茶道―茶の湯覚書―」 武田幸男著
「石鎚山系自然観察入門」 森川國康編著
「果てしなき旅―捨てひじり一遍―」 越智通敏著
「華宵からの手紙」 高畠麻子著
「青地林宗の世界―伊予の蘭学者―」 池田逞著
「子規の素顔」 和田茂樹著
「伊予のかくれキリシタン」 小沼大八著
「愛媛・新風土記」 横山昭市著
「愛媛の地名―小さきものへのめまい―」 堀内統義著
「愛媛の文学―明治から平成への道のり―」 図子英雄著
「伊予灘漁民誌」 渡部文也・高津富男著
「江戸・東京のなかの伊予」 玉井建三著
「伊予の俳人たち―江戸から明治へ―」 池内けい吾著
「えひめ・学・事典」 横山昭市編著
「えひめ季節ノート」 深石一夫著
「街角のフォークロア―足下の暮らしを見つめ直す試み―」 森正康著
「木と人間―生物多様性と人々のくらし―」 松井宏光著

◎歴史シンポジウムシリーズ

「熟田津論考」 阿蘇瑞枝・梅原猛・景浦勉・小林昌二・野口光敏

「幕末維新の宇和島藩―幕末維新の宇和島藩とは―」
川崎宏・島津豊幸・長野暹・松本麟一・三好昌文・吉村昭

「村上水軍考―村上水軍の航跡―」
奈良本辰也・宇田川武久・景浦勉・
松岡進・村上護・城山三郎

「遊行ひじり一遍―心の旅人一遍―」
栗田勇・橘俊道・足助威男・越智通敏

「奈良時代の伊予―律令国家の形成と展開―」
直木孝次郎・小林昌二・荒木敏夫・
山崎信二・松原弘宣・豊田有恒

「近代愛媛の開化―伊予国から愛媛県へ―」
飛鳥井雅道・芳賀登・岩崎勝・村上護・井出孫六

「河野氏の台頭と源平争覇―中世瀬戸内のあけぼの―」
永原慶二・上横手雅敬・福田豊彦・景浦勉

「弥生から古墳時代へ―宮前川遺跡と古照遺跡―」
亀井正道・田中琢・野口光比古・西尾幸則・
下條信行・長井数秋・古瀬清秀・門脇禎二

「藤原純友の乱―律令制崩壊への歩み―」
福田豊彦・上横手雅敬・小林昌二・豊田有恒

「河野氏と伊予の中世―河野氏の栄光と悲劇―」
網野善彦・黒田俊雄・永原慶二・松岡久人・景浦勉

◎文化講演会シリーズ

「文化講演会1」
小此木啓吾・谷川健一・池田弥三郎・俵萠子・山本七平

「文化講演会2」
加藤秀俊・藤原てい・石川喬司・岡部伊都子・木村治美

「文化講演会3」
山田洋次・今江祥智・寿岳章子・森瑤子・阿刀田高

「文化講演会4」
三木卓・真鍋博・早坂暁・岡部伊都子・高樹のぶ子

◎文化を考えるシンポジウム

「大衆文化の芽生え」
横井清・村井康彦・田村憲治・松田毅一

◎民話シリーズ

「ふるさと人間ばなし」　沼田曜一・和田良譽

「山口崇民話の出逢い」　山口崇・井上ツルノ・和田良譽

「石鎚山麓民話の出逢い」　沼田曜一・はたたかし・平井辰夫

◎平成13年度正岡子規国際俳句賞事業の記録

「えひめ百人一句
—生花・俳句・写真のコラボレーション—」

◎芝不器男俳句新人賞受賞記念句集

「春の柩」—第2回芝不器男俳句新人賞受賞記念句集—　杉山久子著

「おまへの倫理崩すためなら何度でも車椅子奪ふぜ」
—第3回芝不器男俳句新人賞受賞記念句集—　御中虫著

「愛媛の近代洋風建築」　日本建築学会四国支部編

「愛媛の近世画人列伝—伊予近世絵画の流れ—」　矢野徹志著